Origine des constitutions urbaines au moyen-âge

Origine des constitutions urbaines au moyen-âge

Histoire des villes

Henri Pirenne

Editions Le Mono
Collection « Les Pages de l'Histoire »

ISBN : 978-2-36659-551-2
EAN : 9782366595512

Chapitre I

Parmi les questions que soulève en si grand nombre l'histoire constitutionnelle du moyen-âge, il en est peu qui soient étudiées aujourd'hui avec autant de soin que celle de l'origine des villes. Ce problème n'attire pas seulement par sa difficulté : les raisons de l'importance qu'on lui attribue sont plus sérieuses. À mesure, en effet, que l'on connaît mieux le moyen-âge, on voit de plus en plus clairement combien a été puissante l'action exercée à cette époque par les bourgeoisies sur l'organisation sociale. C'est trop peu de dire que les villes ont produit le tiers État. Elles ont fait beaucoup plus. Leur influence n'a pas été purement politique : elle apparaît comme civilisatrice au plus haut point. Grâce à elle, non seulement l'État, mais encore les idées et les mœurs, l'art et la littérature, le commerce et l'industrie, se sont transformés. Le jour où naissent les villes, commence la décadence irrémédiable du moyen-âge féodal et mystique. Des tendances nouvelles, plus humaines, plus terrestres, plus modernes, se manifestent dans l'Europe occidentale. Aux croisades, succède le commerce paisible des chrétiens et des musulmans dans les ports de la Méditerranée ; aux chansons de gestes, les fableaux ; au latin, les langues vulgaires. Et l'on a pu voir avec raison, dans l'esprit nouveau qui anime les bourgeoisies, une des causes les plus actives du succès de la Renaissance.

On comprend, dès lors, que les questions relatives à la constitution des villes du moyen-âge aient pour les historiens une importance capitale. Depuis le commencement de ce siècle, elles n'ont cessé d'attirer leur attention. Mais jamais elles n'ont été étudiées avec plus d'ardeur, avec plus de passion même, que de nos jours. Non seulement, chaque année nous apporte un grand nombre d'excellentes monographies, mais, preuve plus évidente encore de l'activité scientifique, on voit se succéder rapidement de brillantes tentatives pour combiner en une vaste synthèse les résultats épars de l'analyse. Il ne sera pas sans intérêt, me semble-t-il, avant de chercher à marquer les positions acquises et à poser de nouveau la question, de passer en revue les différentes théories formulées jusqu'ici.

Non seulement ce sujet constitue un des épisodes les plus attachants de l'évolution des sciences historiques pendant ce siècle, mais, en outre, il faut bien le reconnaître, la plupart des théories dont je me propose de parler dans les pages suivantes, sont encore presque inconnues en France. Alors que les noms de Sohm, de Roth, de Brunner sont cités continuellement dans les ouvrages français, on n'y rencontre presque jamais ceux de Nitzsch, d'Arnold, de Heusler, de von Maurer, de von Below et de bien d'autres érudits qui ont fait accomplir tant de progrès à la connaissance des institutions urbaines. La collaboration de la science française et de la science allemande, si active et si féconde sur d'autres terrains, ne s'est pas encore exercée jusqu'ici au profit des études d'histoire municipale. C'est là sans doute une situation des plus fâcheuses. Aujourd'hui que, grâce à la salutaire influence de l'École des hautes études, et en particulier de M. Giry, l'attention des médiévistes français se porte avec prédilection vers les institutions urbaines, il serait hautement regrettable de la voir durer plus longtemps. Ces considérations feront comprendre pourquoi j'ai cru utile de consacrer la première partie de ce travail à un rapide examen critique des principaux systèmes relatifs à notre sujet, en m'attachant spécialement à ceux qui ont été formulés en Allemagne.

Tout le monde sait que les plus anciens essais d'explication du régime municipal au moyen-âge datent du premier tiers de ce siècle. Personne n'ignore non plus que c'est dans les municipes romains que l'on croyait alors devoir chercher les origines des constitutions urbaines, et il est inutile de rappeler que les travaux de cette époque n'ont guère conservé plus de valeur que les premières recherches sur la formation de la féodalité ou sur celle des États généraux. Le problème, d'ailleurs, il y a soixante ans, était insoluble. Du moyen-âge, on ne connaissait encore, pour ainsi dire, que l'extérieur : on n'en avait pas pénétré l'esprit. On en abordait l'étude avec des idées toutes faites et des préjugés ou des partis pris. Seule, la période franque avait été l'objet de travaux importants. Au delà, c'était nuit noire ou à peu près. Dans cette obscurité, on allait à tâtons, se laissant égarer par des lueurs trompeuses. C'est ce qui est arrivé aux Romanistes. Trouvant dans les textes fort rares qu'ils avaient à leur disposition des mentions de *consules*, de *curia*, de *senatus*, de *libertas romana*, ils en ont conclu que le régime municipal romain s'était maintenu pendant le moyen-âge. C'est l'erreur commune de Dubos et de Raynouard en France, de Moritz, de Kindlinger, de Bodman, de Gemeiner en Allemagne, que d'avoir, de l'analogie des textes, inféré l'analogie des institutions. Comme il fallait s'y attendre, les Germanistes ne tardèrent pas à réfuter une thèse appuyée par des arguments aussi faibles. Après l'apparition des livres de Hulmann, de Wilda, d'Arnold et de M. Hegel, la théorie de l'origine romaine des villes du moyen-âge avait fait son temps. Pendant quelques années, on a cru devoir lui donner encore en passant quelques coups de pioche. Aujourd'hui, on ne la cite plus guère que pour mémoire. On a été passablement étonné de voir, il y a deux ans, un juriste distingué la reprendre pour son compte et essayer de la rajeunir. Mais cette tentative courageuse a échoué.

Si K. F. Eichhorn, le fondateur de l'histoire du droit allemand, n'a pas encore rompu décidément avec la théorie des Romanistes, les études restées célèbres, publiées par lui en 1815 et en 1816, marquent cependant un progrès considérable. Eichhorn n'admet plus, en effet, que la constitution des municipes se soit conservée de toutes pièces dans les villes. Sans doute, il lui accorde encore sa grande part d'influence, mais, à la différence de ses prédécesseurs, il introduit dans le débat des éléments nouveaux. Le premier, il a appelé l'attention sur le rôle joué par le droit domanial (*Hofrecht*) dans la formation des bourgeoisies et l'élaboration du droit urbain. Et, bien qu'il n'ait pas été assez loin dans la voie indiquée par lui, bien qu'il croie encore à la persistance de la curie après les invasions, il n'en est pas moins vrai qu'il a posé le problème comme il devait l'être et reconnu que la solution n'en devait être demandée qu'à l'analyse du milieu politique et social dans lequel se sont développées les bourgeoisies.

C'est quelques années après Eichhorn, mais indépendamment de lui et sans même avoir connu ses travaux, qu'Augustin Thierry et Guizot abordèrent de leur côté la question des origines et décrivirent à grands traits les phases principales du mouvement communal. Leurs théories sont trop connues pour qu'il soit besoin de les rappeler ici. Pendant longtemps elles ont dominé la science, en France, comme celle d'Eichhorn, en Allemagne. Des deux côtés du Rhin, l'élan désormais était donné. À côté des institutions monarchiques et des institutions féodales, on voyait maintenant, dans les institutions urbaines, un sujet d'études d'une importance et d'un intérêt considérables. Non seulement les documents conservés dans les dépôts d'archives municipales, presque complètement négligés jusque-là, commencèrent à être l'objet d'importantes publications, mais encore des érudits de premier ordre s'attachèrent à l'histoire constitutionnelle des villes et écrivirent des ouvrages qui ont conservé une haute valeur. Il suffira de citer ici les belles études de M. Hegel sur les communes lombardes et celles de Warnkœnig sur les villes flamandes. On peut les considérer comme le point de départ de cette série de monographies qui ont tant contribué depuis à l'avancement de la science. Comme il arrive si souvent en matière d'érudition, les systèmes d'ensemble avaient précédé les travaux d'analyse, et ceux-ci, à leur tour, se retournant contre ces brillantes généralisations, en dévoilaient la faiblesse et l'insuffisance. Déjà Warnkœnig hésite entre les diverses doctrines sans se décider pour aucune d'elles. Manifestement, il n'en trouve pas qui puisse rendre compte de tous les éléments du problème.

Toutefois, des systèmes nouveaux n'allaient pas tarder à surgir, à la fois plus complets, plus pénétrants et plus précis que ceux de la première heure. Avec eux, peut-on dire, les études d'histoire municipale entrent dans l'âge mûr.

C'est en 1854 qu'un des historiens les plus distingués de ce siècle, mais dont malheureusement les travaux sont trop inconnus en dehors d'Allemagne, W. Arnold, publia sa *Verfassungsgeschichte der deutschen Freistädte*. Par l'influence qu'a exercée ce livre, par les recherches qu'il a provoquées, on peut, sans exagération, le comparer au *Beneficialwesen* de Roth, qui parut presque en même temps.

Arnold a borné ses recherches aux seules villes qui portent, dans l'histoire du droit allemand, le nom de *Freistädte* (villes libres) : Cologne, Mayence, Worms, Spire, Strasbourg, Bâle et Ratisbonne. Dans ces villes qui sont toutes, comme on sait, des cités épiscopales, la constitution urbaine s'est dégagée, d'après lui, de meilleure heure et plus complètement que partout ailleurs. C'est à l'époque franque qu'il faut remonter pour en trouver le point de départ.

Dès le VIIIe siècle, on voit les évêques obtenir des privilèges d'immunité pour les territoires de leurs églises. En vertu de ces privilèges, la *familia* non libre de ces églises se trouve placée sous la juridiction domaniale de l'évêque et soustraite à l'action des pouvoirs publics. Mais la *familia* (*Immunitätsgemeinde*) ne comprend pas toute la population des terres ecclésiastiques : à côté d'elle, continue à subsister un groupe d'hommes libres (*Altfreiegemeinde*), indépendants du seigneur et relevant seulement de la juridiction du fonctionnaire public, c'est-à-dire du comte. Cette situation dure jusqu'au xe siècle, époque à laquelle les évêques reçoivent des empereurs la concession des droits régaliens dans leurs cités (*Ottonische Privilegien*). Dès lors, ils possèdent à la fois la juridiction domaniale sur leur *familia* et la juridiction publique sur ce qui s'est maintenu dans les villes de population libre. Cette dernière, en effet, n'a pas disparu. Le *judex* épiscopal, burgrave ou avoué, s'est simplement substitué au comte, et la juridiction qu'il exerce sur les libres de la cité reste une juridiction publique, dont il est investi par délégation du *bannum* impérial. À partir des privilèges ottoniens, deux groupes d'hommes de condition juridique très différente, des libres et des non-libres, se trouvent donc réunis dans la ville sous un même seigneur : l'évêque. Cette subordination commune au même seigneur établit un lien entre eux : à la longue, elle fait disparaître les contrastes et fond en une teinte intermédiaire les couleurs fortement tranchées au début. Il faut remarquer, en effet, que les évêques impériaux du Xe et du XIe siècle n'ont pas exercé sur leurs sujets un gouvernement tyrannique. Ils se sont préoccupés constamment d'améliorer la condition de leur *familia*, qui s'est rapprochée de plus en plus de la condition des habitants libres. Pendant cette période, loin que le droit domanial se développe au détriment du droit public, c'est celui-ci, au contraire, qui peu à peu s'étend à toute la population. Le titre de *burgenses*, réservé à l'origine aux seuls libres, arrive à s'appliquer aussi aux descendants des anciens non-libres.

Mais, lors de la rupture entre l'Église et l'Empire, la situation change complètement. Le haut clergé, cherchant maintenant à se rendre de plus en plus indépendant de l'État, s'efforce d'établir contre lui son autorité exclusive dans les villes. Les habitants libres courent dès lors le risque d'être réduits en servage, de voir en quelque sorte coupées leurs communications avec le pouvoir central, auquel ils n'ont cessé jusque-là d'être rattachés par l'intermédiaire de la juridiction publique. Aussi les voit-on se soulever partout contre leur seigneur et seconder de toutes leurs forces l'empereur dans sa lutte contre les évêques. C'est à cette époque de guerre civile qu'apparaissent les premières institutions autonomes de la bourgeoisie. Les bourgeois proprement dits, c'est-à-dire les anciens libres, s'emparent du gouvernement des cités : le conseil, le *Rath*, est créé. Bien que ce *Rath* ait à l'origine le caractère d'un gouvernement provisoire établi révolutionnairement, il se rattache pourtant à une institution ancienne, au *consilium* épiscopal, dont on constate l'existence au XIe siècle. Ce conseil épiscopal, créé pour aider l'évêque dans l'administration de la cité, comptait, à côté des *ministeriales* du seigneur, un certain nombre de bourgeois. À l'époque de la révolution urbaine, c'est lui qui est devenu l'autorité supérieure dans la ville, administrée désormais comme une république. À partir de ce moment, une ère nouvelle commence. Les derniers vestiges du droit domanial disparaissent : la différence primitive entre libres et non-libres s'efface, tous les habitants de la ville deviennent bourgeois, tous relèvent de la juridiction du conseil. La ville du moyen-âge arrivée à ce point de développement est un État libre (*Freistaat*). Elle s'est débarrassée de toutes les entraves du droit domanial. On pourrait presque dire que le conseil est un comte collectif, et la ville un comté resserré entre des murailles.

Dès son apparition, le livre d'Arnold est devenu classique. Il a été jusque dans les derniers temps un des axes autour desquels ont gravité les recherches sur la constitution des villes au moyen âge. En 1872, M. Heusler publiait son *Ursprung der deutschen Stadtverfassung*, qui, dans ce qu'elle a d'essentiel, fortifiait la théorie nouvelle.

Mais, presque en même temps que la *Verfassungsgeschichte der deutschen Freistädte*, paraissait un autre ouvrage destiné, lui aussi, à une brillante fortune. Se plaçant à un point de vue diamétralement opposé à celui d'Arnold, Nitzsch cherchait à expliquer la formation des bourgeoisies par le seul droit domanial. Je dis intentionnellement « la formation des bourgeoisies. » Nitzsch s'efforce moins, en effet, de découvrir l'origine des institutions municipales que d'analyser les éléments constitutifs de la population urbaine. Il abandonne le terrain juridique pour se placer sur celui de l'histoire sociale. Peu de livres sont aussi touffus, aussi compliqués et d'une lecture aussi difficile que le sien. Et pourtant on y trouve à un degré éminent les rares qualités qui ont fait de Nitzsch un des maîtres les plus regrettés de la science historique allemande. Personne, peut-être, n'a eu plus que lui le don de saisir, dans leur infinie complexité, les phénomènes sociaux. Il ne faut lui demander ni la simplicité, ni la clarté. Mais l'obscurité ne provient pas, chez lui, d'une compréhension incomplète du sujet. Elle résulte de la méthode même. Nitzsch semble craindre qu'un dessin trop net ne puisse rendre dans toute leur variété, dans leur évolution incessante, les mille phénomènes sous lesquels il s'applique, avec une sorte d'angoisse, à découvrir les forces cachées de la vie nationale. Aussi est-il impossible d'analyser en quelques lignes une œuvre historique telle que *Ministerialität und Bürgerthum*. Il faudra se borner à en indiquer sommairement les positions principales.

Pour Nitzsch, l'élément organisateur par excellence dans la société allemande du haut moyen-âge est le grand domaine. Sur le grand domaine habite une population formée d'hommes de conditions juridiques différentes, mais présentant tous, comme caractère commun, un degré plus ou moins accentué de non-liberté. Cette population est administrée par des *ministeriales* seigneuriaux dont les attributions se sont particulièrement développées dans les grands domaines épiscopaux. Répartis en divers groupes, appliqués à divers services, les *ministeriales*, les uns militaires (*milites*), les autres pourvus de fonctions administratives (*officiales*), forment tous, avec le clergé, le conseil de l'évêque. Les empereurs, dont les évêques sont les plus fidèles soutiens, se gardent bien de porter atteinte à cette organisation. Au contraire, quand l'établissement de marchés sous les murailles des cités épiscopales y attire toute une population de *censuales* vivant de commerce et d'industrie, c'est aux évêques et partant à leurs *ministeriales* qu'ils laissent le *juditium de negociationibus*. Mais, dans la classe des *ministeriales*, la différence des intérêts et des fonctions amène peu à peu une scission. *Milites* et *officiales* se séparent à la longue les uns des autres : les premiers en arrivent à former une classe exclusivement guerrière, tandis que les autres, sous le nom de *burgenses*, se transforment en patriciat urbain et prennent en mains le gouvernement des villes qui, à partir du XIIIe siècle, sont administrées par un conseil recruté parmi eux.

On voit qu'il est impossible d'être plus complètement en contradiction que ne le sont Nitzsch et Arnold. Tandis que celui-ci prend son point de départ dans la liberté et le droit public, celui-là, au contraire, fait, par un processus très lent et à la suite d'une foule de transformations sociales et politiques, sortir de la non-liberté originaire les bourgeoisies libres et l'autonomie municipale. Ici, tout s'explique par le

Staatsrecht, là tout se trouve en germe dans le *Hofrecht*.

C'est autour d'Arnold et de Heusler d'une part, de Nitzsch d'autre part, que jusque dans les derniers temps les travailleurs se sont groupés en Allemagne en deux écoles distinctes, on pourrait presque dire en deux partis. Pendant longtemps, les autres théories ont été négligées en faveur de celles dont je viens d'essayer de dégager les lignes principales. Mais, à mesure que les recherches de détail devenaient plus nombreuses, que l'on pénétrait plus avant au cœur du sujet, que de nouveaux textes étaient publiés et qu'au lieu de se borner à l'étude des villes épiscopales on abordait celle des grandes villes marchandes comme Lübeck ou celle des villes neuves comme Fribourg-en-Brisgau, on voyait de plus en plus clairement apparaître des objections aux doctrines en vogue. On peut dire aujourd'hui qu'elles ont fait leur temps, et qu'après avoir largement contribué à l'avancement de la science elles sont devenues insuffisantes. En opposition à la théorie d'Arnold, on a fait observer que l'immunité et les privilèges ottoniens n'ont pas joué, dans la formation des constitutions urbaines, le rôle qu'elle leur attribue. L'immunité n'a rien de commun avec la ville : elle s'étend, non pas spécialement à la ville, mais à tous les domaines d'une église. Quant aux privilèges ottoniens, s'ils accordent aux évêques les droits régaliens, ils n'ont cependant pas modifié essentiellement la condition des populations urbaines. En somme, leur seul résultat a été de substituer au fonctionnaire royal un seigneur comme organe de la juridiction publique. Et si ce fait a la plus grande importance au point de vue de la constitution de l'État, on peut dire que pour celle des villes il est indifférent. La théorie n'a pas mieux résisté à la critique en ce qui concerne les origines et la compétence du conseil. Le conseil épiscopal, d'où Arnold fait sortir celui de la ville, n'a rien de particulièrement urbain. Ses fonctions s'étendent à tout l'évêché. D'autre part, les pouvoirs du conseil de la ville ne sont pas essentiellement politiques, et, bien loin qu'il ait acquis partout la juridiction des fonctionnaires épiscopaux, on constate au contraire que, dans le plus grand nombre des villes, il n'a jamais eu qu'une juridiction incomplète. Ajoutons que l'identification de la bourgeoisie avec l'*Altfreie Gemeinde* est inexacte. Ici encore, le point de vue d'Arnold est trop exclusivement politique. La bourgeoisie est avant tout une classe de formation sociale. La condition juridique, le *status* de ses membres, peut être, à l'origine, très différent. C'est à la longue seulement que le droit de bourgeoisie a presque partout coïncidé avec la liberté. Et encore la liberté du bourgeois est-elle quelque chose de très éloigné de la liberté de l'*homo ingenuus* de l'époque franque.

Les idées de Nitzsch n'ont pas plus victorieusement que celles d'Arnold subi l'épreuve de la critique. S'il est impossible de tout ramener dans la ville au droit public, il ne l'est pas moins de tout expliquer par le droit domanial. Nitzsch a énormément exagéré l'importance des *ministeriales*. Le droit domanial n'a pas eu la puissance et la fécondité qu'il lui attribue. Loin d'avoir formé les bourgeoisies, on peut dire, au contraire, qu'il a retardé leur apparition. C'est là seulement, en effet, où il était très développé et très fort que l'évolution urbaine ne s'est pas accomplie pacifiquement. À y regarder de près, on voit que l'organisation urbaine s'est formée à côté de l'organisation domaniale : on ne voit pas qu'elle en soit sortie. Jusqu'à la fin du moyen-âge, on constate que les *familiae* conservent leur existence indépendante de la commune urbaine. Et les seigneurs, autant qu'il est en eux, s'efforcent de maintenir cette séparation. Il suffit de rappeler ici les interdictions fréquentes faites par eux aux bourgeoisies de recevoir leurs hommes dans les villes. L'étude de la condition des terres laisse apparaître non moins nettement le contraste qui existe entre la *familia* et la bourgeoisie. Pendant des siècles, on distingue les tenures libres du droit urbain des tenures soumises aux prestations et aux redevances du droit domanial. Comment admettre d'ailleurs que le *Hofrecht* épiscopal, né au milieu d'une civilisation purement agricole, ait pu s'accommoder des conditions toutes nouvelles de la vie urbaine, essentiellement industrielle et commerciale ? Nitzsch, il est vrai, cherche à l'expliquer. Il s'efforce, en recourant aux hypothèses les plus ingénieuses et aux combinaisons les plus subtiles, de montrer comment l'organisme domanial s'est transformé en organisme urbain. Mais les données des sources ne se prêtent ni à ses combinaisons ni à ses hypothèses. C'est sans doute une des plus rares qualités historiques que le sens de révolution, mais encore n'en faut-il pas abuser. Il est, dans la vie des peuples, des époques où la marche de la civilisation semble se hâter sous l'action d'idées et de forces nouvelles et où, impatients, dirait-on, d'arriver au but entrevu, incapables d'attendre que se soient transformées les institutions du passé, les hommes en créent d'autres qui les remplacent. C'est une crise comme celle-là qu'a provoquée, ce semble, en Europe, à la fin du XIᵉ siècle, la renaissance du commerce et de l'industrie.

Si, jusque dans les derniers temps, les théories d'Arnold et de Nitzsch ont surtout attiré l'attention des travailleurs, il existait cependant, à côté d'elles, d'autres systèmes, de nature fort différente, qui, eux aussi, quoique en moins grand nombre, avaient leurs fidèles. On pourrait appeler *germanistes* les deux systèmes auxquels je fais allusion ici. L'un et l'autre cherchent en effet à expliquer, par des institutions d'origine purement germanique, le premier par la gilde, le second par la marche, la formation des constitutions urbaines. À leur tour, ils ont appelé l'attention sur des éléments nouveaux du problème. Ils ont eu aussi le mérite d'abandonner l'étude exclusive des cités épiscopales et d'étendre à toutes les villes du moyen-âge les recherches d'histoire municipale.

Le premier des deux systèmes est déjà ancien et même de beaucoup antérieur à l'apparition des ouvrages d'Arnold et de Nitzsch. Il a été formulé dès 1831 par Wilda. Ce savant a été amené, comme on sait, à s'occuper des constitutions urbaines par ses travaux sur les gildes. Il a cru, en opposition avec la théorie alors régnante des Romanistes, pouvoir expliquer par l'association libre la formation des villes du moyen-âge. Pour lui, la commune, à l'origine, n'est autre chose qu'une gilde de protection (*Schutzgilde*). Elle repose tout entière sur le principe corporatif. Elle a son point de départ dans le serment d'amitié qui lie les bourgeois les uns aux autres.

Ces idées se répandirent rapidement en France et en Angleterre. Non seulement, elles s'adaptaient à ravir aux tendances politiques de l'époque, mais elles satisfaisaient aussi l'engouement de germanisme que le romantisme avait mis à la mode. On sait qu'Augustin Thierry se les est en grande partie appropriées et, jusqu'à maintenant, elles ont continué à compter en France, en Angleterre et en Belgique de nombreux partisans.

En Allemagne, au contraire, elles se sont fait jour plus lentement. On dirait presque qu'Arnold et Nitzsch les ont ignorées ; en tous cas, ni l'un ni l'autre n'a jugé utile de s'en occuper. C'est relativement assez tard qu'elles ont trouvé, dans M. Gierke, un défenseur décidé. M. Gierke a d'ailleurs renouvelé la théorie de Wilda, manifestement trop simple et trop incomplète. Il est loin de voir dans la gilde le seul facteur des constitutions urbaines. Il adopte, en grande partie, les idées d'Arnold : comme lui, il admet que la liberté s'est conservée intacte dans une partie de la population des villes ; comme lui, il attribue une importance considérable aux privilèges ottoniens et au gouvernement épiscopal. Mais c'est par la gilde (*freie Einung*, *Rechtsgenossenschaft*) qu'il explique l'autonomie municipale. C'est en elle qu'il voit le principe vital de l'organisme urbain : c'est à elle qu'il ramène la formation des communes jurées qui, pour lui comme pour Wilda, sont identiques à des *Schutzgilden*.

Les idées de M. Gierke sur la formation des villes du moyen-âge sont une partie intégrante de son vaste système sur le droit corporatif allemand. Ce n'est pas le lieu d'examiner ici les graves problèmes que soulève la conception d'ensemble de l'éminent historien. Nous n'avons à nous occuper que d'une question nettement déterminée : l'influence de la gilde sur le développement des villes.

Sous la forme très simple qu'elle revêt chez ses premiers partisans, la théorie qui voit dans la gilde l'origine des villes est aujourd'hui insoutenable. Elle a été construite trop vite et sur des bases trop fragiles. D'une part, on a attribué à un grand nombre de gildes de formation récente et de constitution aristocratique une antiquité très reculée ; d'autre part, on s'est laissé égarer par les apparences. Du simple fait que l'hôtel de ville est appelé dans certaines régions *domus mercatorum* ou *guildhall*, on n'hésitait pas à conclure à l'existence d'une filiation directe entre la gilde et la ville. Procédé aussi téméraire que celui des Romanistes invoquant, à l'appui de leur théorie, les mots de *curia* ou de *consules* ! En réalité, on s'est contenté à trop bon compte et on a été plus pressé d'affirmer que soucieux de chercher des preuves. Partant de l'idée que la gilde a produit les villes anglaises, on lui attribuait aussi la formation de celles du continent. Mais il faut abandonner aujourd'hui ce raisonnement par analogie. Récemment, M. Gross a démontré, dans un ouvrage d'une érudition aussi abondante que précise, l'impossibilité de rattacher à la gilde les constitutions municipales de l'Angleterre. Et, s'il en est ainsi pour ce pays où les gildes se sont développées plus puissamment que partout ailleurs, il semble bien, *a fortiori*, qu'il ait dû en être de même sur le continent. Réduits à leurs propres ressources, les historiens de France et d'Allemagne peuvent, en effet, apporter bien peu de chose à l'appui de leur thèse. M. Gierke avoue lui-même que l'on ne trouve en Allemagne qu'une seule *Schutzgilde* primitive : la *Richerzeche* de Cologne. Mais, précisément, de récents travaux ont montré que cette corporation fameuse n'a rien de commun avec une gilde marchande. Quant aux textes que l'on cite habituellement en France : les chartes de Saint-Omer et d'Aire, ils n'ont pas, je pense, la valeur qu'on leur attribue. Dans la charte de Saint-Omer, la gilde et la commune apparaissent comme parfaitement distinctes l'une de l'autre ; dans celle d'Aire, le mot gilde ne se rencontre même pas, et c'est seulement sous l'influence d'idées préconçues qu'on a pu voir un statut de gilde dans la *lex amicitiae* que nous fait connaître ce document. Je sais bien que certains auteurs sont tentés de voir des gildes dans les *conjurationes* et les communes jurées du XIIe siècle. Mais il est facile de montrer toute la différence qui existe entre la gilde, association volontaire, composée de bourgeois et de non-bourgeois, et la commune, dont tous les habitants de la ville doivent nécessairement faire partie. On remarquera d'ailleurs que les communes apparaissent surtout dans les régions où l'on ne voit pas que des gildes aient jamais existé. Et là où, comme en Flandre par exemple, on rencontre à la fois la gilde et la commune, rien ne permet de faire sortir la seconde de la première. On a voulu parfois, il est vrai, considérer comme provenant des chefs de la gilde les *jurati* de la commune, mais les textes ne permettent pas d'admettre ce système : les chefs de la gilde s'appellent, non *jurati*, mais *decani*.

Quand bien même d'ailleurs on persisterait à regarder la commune comme une *Schutzgilde*, il resterait encore à démontrer que la commune a produit les constitutions urbaines. Sans doute, l'association jurée de la bourgeoisie a été un facteur considérable de la formation des villes. Et l'on peut dire que, si en France on lui a souvent attribué une importance excessive, en Allemagne, au contraire, on ne l'a pas, en général, appréciée à sa juste valeur. C'est elle qui a achevé la ville : elle a réuni en un seul corps les divers groupes dont se compose la population, elle a étendu à tous les habitants la même condition juridique et les a placés sous le même droit. Mais ce n'est pas elle qui peut expliquer la naissance de la coutume urbaine, la compétence de la juridiction municipale et les privilèges de la ville. Ceux-ci sont antérieurs à la commune et, par conséquent, indépendants d'elle. Il est vrai qu'en France et dans les Pays-Bas la commune jurée a suscité l'établissement de magistratures nouvelles. Très souvent, le collège des jurés n'apparaît que du jour où elle s'est formée. Mais ce fait n'a rien d'essentiel. Ce qui constitue la ville du moyen âge, au sens juridique du mot, ce n'est pas un degré plus ou moins complet d'autonomie, c'est l'acquisition d'un droit municipal distinct de celui du plat pays. Les organes chargés de l'application de ce droit peuvent être fort différents : seigneuriaux ici, là communaux : cette différence importe peu. S'il en était autrement, on serait forcé d'admettre que les rois de France, quand ils ont supprimé les communes jurées, ont, par là même, supprimé les villes.

Ainsi, l'identification de la gilde et de la commune jurée n'arriverait pas encore à sauver la théorie de Wilda. Quelle que soit l'influence exercée par la gilde sur le développement des institutions urbaines, on ne peut trouver nulle part la preuve qu'elle ait produit ces institutions. M. Hegel vient d'ailleurs, me semble-t-il, dans un récent ouvrage de trancher définitivement la question.

M. Hegel a donné à ses recherches la plus vaste extension possible. Il a compris qu'on n'aurait le droit d'émettre un jugement définitif que quand, dans tous les pays où l'on constate l'existence des gildes, on se serait rendu compte de leur rôle politique et social. Il a donc étudié successivement le droit municipal des peuples Scandinaves, celui de l'Angleterre, de la France, des Pays-Bas et enfin de l'Allemagne. Après cette enquête, la plus considérable peut-être à laquelle ait jamais été soumise une seule institution du moyen-âge, il a formulé des conclusions très nettes. Pour lui, la gilde n'a exercé aucune action sur la formation des institutions municipales. Elle n'est l'ancêtre ni de la commune, ni du conseil, et ce n'est pas d'elle non plus que dérive la compétence de la juridiction urbaine. M. Hegel arrive donc aux mêmes résultats que M. Gross a formulés de son côté. Et il importe de remarquer que l'érudit allemand et l'érudit anglais sont absolument indépendants l'un de l'autre et que c'est en suivant des chemins différents qu'ils sont arrivés tous deux au même but.

Toutefois, M. Hegel va plus loin que M. Gross. Non seulement il nie toute action politique de la gilde sur la ville, mais encore il ne voit dans les gildes que des associations fermées de marchands, analogues aux corporations de métiers et ne différant de celles-ci par aucun caractère essentiel. D'après lui, l'hypothèse d'une grande gilde primitive, comprenant à l'origine toute la population marchande des villes et de laquelle se seraient postérieurement détachés les divers corps de métiers, n'est pas moins fausse que la théorie de Wilda.

Cette hypothèse a été formulée par Nitzsch dans des travaux parus, en 1879-80, dans les bulletins de l'Académie de Berlin. À première vue, les conclusions de ces travaux semblent en contradiction absolue avec les idées émises dans *Ministerialität und Bürgerthum*. Mais, à y regarder de près, on y retrouve la même conception fondamentale et la même méthode. C'est des deux côtés le même sentiment de l'évolution historique, du développement lent et organique des phénomènes sociaux. Si les résultats auxquels arrive chacun des deux ouvrages sont très différents, ce n'est pas que la manière de voir de l'auteur se soit modifiée, c'est seulement qu'il a étudié dans l'un et dans l'autre la formation de la bourgeoisie dans des territoires distincts. Dans le sud de l'Allemagne, pays de vieille culture, Nitzsch voit dans le grand domaine le facteur économique le plus actif et il explique par lui l'origine des constitutions urbaines ; dans l'Allemagne du Nord, au contraire, sur les frontières slaves et les rives de la mer, dans ces pays neufs où chaque ville est une colonie, on se trouve en présence d'un tout autre spectacle. On ne rencontre pas ici l'administration compliquée des cités épiscopales du Rhin : on a affaire à des phénomènes beaucoup plus simples. Les villes neuves du nord se forment par immigration. À mesure que la colonisation allemande s'étend, des marchands s'établissent à demeure sous les murailles des bourgs ou dans certains endroits particulièrement favorables au commerce. Entre ces marchands, il n'y a à l'origine aucune différence : il suffit que l'on vive de vente et d'achat pour être désigné par le nom de *mercator*. Il n'y a pas lieu de distinguer alors entre le commerçant proprement dit et l'artisan. Une grande gilde, association de protection et de défense mutuelle, comprend au début tous les *mercatores*. C'est elle qui est ici l'élément organisateur de la bourgeoisie, comme l'est dans le sud la ministérialité épiscopale. Mais, à la longue, cette gilde primitive disparaît. Peu à peu, par suite du développement de la vie économique, les marchands proprement dits, d'une part, les artisans, de l'autre, se séparent. Ces derniers s'organisent en corps de métiers, tandis que les autres forment, sous le vieux nom de gilde, un groupe fermé et aristocratique, véritable corporation de capitalistes, en présence de celles des travailleurs.

Nitzsch n'a pas eu le temps de donner à ses idées une forme définitive. Il est mort avant d'avoir écrit le livre dont ses articles de l'Académie de Berlin ne sont que la préparation. Mais l'hypothèse émise par lui n'en a pas moins été accueillie avec une singulière faveur. Elle a provoqué de nombreuses et instructives recherches ; elle a été précisée et complétée. On trouve son influence dans les travaux de Hœniger, de Liesegang, de Geering et de bien d'autres. M. Gross l'a appliquée aux villes anglaises, M. Gothein s'en est inspiré dans ses belles études sur Fribourg-en-Brisgau. En revanche, elle a été énergiquement attaquée par MM. von Below et Hegel. Je ne puis entrer ici dans le détail des arguments invoqués pour ou contre la manière de voir de Nitzsch. C'est des études de détail qu'il faut attendre, sur une question aussi délicate que celle-ci, une solution définitive. En tous cas, si l'on doit accorder que la doctrine nouvelle n'est encore qu'une hypothèse, il faut reconnaître aussi que les raisons alléguées contre elles ne sont pas toutes convaincantes. M. Hegel affirme que la gilde n'est pas antérieure aux métiers, mais il ne réussit pas à le prouver. Sa conception de la gilde, qu'il considère, dès le début, comme une simple corporation de grands marchands, est certainement trop étroite : elle ne peut expliquer pourquoi, dans un grand nombre de villes, la gilde exerce la surveillance du commerce et de l'industrie. Elle ne parvient pas non plus à rendre compte de l'existence des hanses (gildes) de Flandre et d'Allemagne que nous voyons au XIIe et au XIIIe siècle chargées de l'organisation et de la protection du commerce urbain. Manifestement, les gildes aristocratisées de la fin du moyen-âge ne sont que les vestiges d'une institution primitive plus large, plus saine, plus robuste. Aussi disparaissent-elles presque partout au XIVe et au XVe siècle, preuve évidente, à mon sens, quelles sont quelque chose de très différent des métiers, qui durent jusqu'à la fin de l'ancien régime. Quoi qu'il en soit d'ailleurs et quel que doive être le sort de la théorie de Nitzsch, elle aura eu, en tout cas, un grand mérite. Au lieu de considérer la gilde comme une association d'hommes libres groupés pour la protection de leur indépendance, Nitzsch y a vu surtout un phénomène provoqué par des causes économiques et sociales. Ce n'est plus, comme pour Wilda et M. Gierke, d'*Altfreien*, c'est de *mercatores* qu'elle se compose ; ce n'est pas pour la protection de la liberté, c'est pour la protection du commerce qu'elle est créée. Si par son nom elle nous reporte à la plus haute antiquité germanique, par son but elle appartient à l'histoire économique. Dans la grande gilde de Nitzsch, la bourgeoisie apparaît comme une classe de formation essentiellement sociale. Et, n'eussent-elles servi qu'à appeler sur ce point l'attention des travailleurs, les recherches du savant allemand n'en compteraient pas moins parmi celles qui, de nos jours, ont le plus puissamment contribué aux progrès de la science.

La gilde n'est pas la seule institution purement germanique par laquelle on ait essayé d'expliquer l'origine des constitutions urbaines du moyen-âge. G.-L. von Maurer a été amené, par ses études sur l'organisation rurale de l'Allemagne, à chercher ailleurs la solution du problème. Il s'est appliqué à démontrer que les institutions des villes proviennent de celles des marches. La *Stadtverfassung* n'est pour lui, en somme, qu'une forme spéciale de la *Markverfassung*. Puisque toute ville, au début, a été nécessairement un village, la constitution de la ville n'a pu être, dans le principe, qu'une constitution de village, et, le village germanique étant une communauté de marche, c'est donc en définitive à la marche qu'il faut ramener les constitutions municipales. Tandis que Wilda affirme que bourgmestres, jurés et conseil sont les descendants des chefs de la gilde, von Maurer voit en eux, aussi clairement, les descendants des *Markvorsteher*. D'accord sur l'origine germanique des villes, ils sont en contradiction sur tout le reste. L'un croit trouver dans l'antiquité scandinave le principe fécond des institutions municipales ; l'autre le découvre, de son côté, dans César et dans Tacite.

La théorie de von Maurer a été presqu'en même temps formulée et réfutée. M. Heusler, entre autres, en a démontré toute la faiblesse. Von Maurer a commis une erreur de méthode analogue à celle des érudits qui, trompés par des ressemblances extérieures, ont considéré la ville du moyen-âge comme née du municipe romain ou de la gilde. Sans doute, entre l'organisation des villages et celle des villes, on trouve, à partir du XIVe et du XVe siècle, des analogies nombreuses. Sans doute aussi, dans des villes ; comme Seligenstadt ou Montzingen, le conseil semble bien avoir pris la place et être l'héritier des anciens chefs ruraux. Mais ces localités n'ont de la ville que le nom : ce sont de simples villages pourvus, à une époque récente, d'un bourgmestre et d'un conseil. Elles ont copié les institutions urbaines, elles se les sont, dans une certaine mesure, appropriées ; elles leur ont emprunté certaines formes et certains termes. Mais c'est presque une ironie d'expliquer par ces pâles imitations la puissante organisation des grandes cités du moyen âge et de prétendre, en dépit de la différence des époques et des milieux, trouver dans quelques bourgs de la fin du moyen âge les lois qui ont présidé au développement municipal de Worms, de Mayence ou de Cologne.

On s'en est bien vite rendu compte, et la théorie nouvelle, sous sa forme primitive, n'a guère compté de partisans. Il faut pourtant lui reconnaître le mérite d'avoir provoqué de nombreuses recherches de détail, mis en lumière des côtés négligés de la question, dévoilé des fonctions ignorées de ces constitutions urbaines si riches et si compliquées que chaque essai d'explication les montre pourvues d'organes dont on ne soupçonnait pas l'existence. Après une éclipse assez longue, elle vient d'ailleurs d'être remise en honneur par les travaux récents de M. von Below. Mais elle a été, en même temps, profondément transformée. M. von Below a compris qu'il fallait chercher la solution de la question non dans des ressemblances et des analogies, mais dans l'analyse pénétrante des institutions municipales. Dans deux ouvrages qui se sont suivis de très près, il a essayé de montrer que la compétence du conseil urbain ne diffère pas de celle du *Burding* des villages. Entre la commune rurale (*Landgemeinde*) et la commune urbaine

(*Stadtgemeinde*), il ne trouve, au point de vue juridique, aucune différence essentielle. Dès l'origine, la juridiction du conseil dans les villes aurait été précisément la même que celle du *Burding*. La compétence de l'une comme de l'autre comprendrait essentiellement les affaires relatives aux poids et mesures et ce que l'on appellerait aujourd'hui les contraventions aux règlements de police. À vrai dire, — et ici M. von Below s'écarte avec raison de von Maurer, — il n'y a entre le conseil et le *Burding* qu'identité d'attributions. Quant à leur recrutement, au nom de leurs membres, aux détails de leur mécanisme, ils sont très différents. Mais, quelqu'importantes qu'aient été les modifications subies, elles n'ont pas altéré le caractère essentiel de l'institution primitive. La juridiction de la ville, comme celle du village, est purement communale : ce n'est qu'à la longue et exceptionnellement qu'elle est devenue publique. Et si Arnold et Heusler se sont trompés en revendiquant pour les villes des pouvoirs qui appartiennent exclusivement à l'État, Nitzsch, Wilda, Gierke et Sohm n'ont pas été plus heureux. Il faut cesser de se fourvoyer dans leurs théories compliquées et leurs combinaisons artificielles. Ils ont rendu, comme à plaisir, très obscure et très embrouillée une question qui est très claire. Voyons donc enfin dans la ville ce qu'elle est réellement : une simple commune locale. Cessons de recourir au *Hofrecht*, à la gilde ou au *Marktrecht* pour expliquer la formation des bourgeoisies. De même que les attributions du *Burding* et celles du conseil sont identiques, de même, entre la population de la ville et celle du village, on ne remarque pas de contraste violent. C'est une erreur de voir dans les bourgeois des *mercatores* : ils sont tout simplement les possesseurs du sol de la commune. La condition des personnes et la condition des terres dans la *Stadtgemeinde* sont les mêmes que dans la *Landgemeinde*. Et pour achever de se convaincre de leur étroite parenté, il suffit de remarquer que l'une et l'autre possèdent une *Allmende* et que la banlieue urbaine coïncide à l'origine avec une circonscription rurale.

Il faut reconnaître aux livres de M. von Below un grand mérite : celui d'une parfaite clarté et d'une grande précision. L'auteur a soumis à une critique pénétrante les systèmes de ses devanciers et fait paraître en pleine lumière leurs points faibles ou leurs exagérations. Si on ne peut s'empêcher souvent de le trouver trop radical et trop simpliste, on doit reconnaître cependant la haute valeur et l'influence salutaire de ses ouvrages. En attaquant à la fois toutes les doctrines régnantes, ils n'ont pas peu contribué à la recrudescence d'activité que l'on remarque actuellement dans les études d'histoire municipale. Les derniers travaux de MM. Gross, Hegel et Sohm en ont largement profité : c'est dire assez quelle est leur importance.

Mais M. von Below ne se borne pas au rôle de critique. Il veut, on l'a vu, ramener à la doctrine de von Maurer, remaniée, il est vrai, et transformée, les chercheurs éparpillés sur des routes diverses, en quête d'une solution. Malheureusement son système prête le flanc, lui aussi, à des objections très graves. Esprit essentiellement juridique, M. von Below n'a pas tenu compte suffisamment, semble-t-il, des facteurs sociaux du problème. L'analyse juridique ne suffit pas à rendre compte de tous les éléments qui ont collaboré à la formation des villes. La renaissance du commerce et de l'industrie au moyen âge a si profondément modifié les conditions de la vie économique qu'il est impossible d'expliquer les constitutions urbaines par l'organisme primitif de la commune rurale. On a peut-être exagéré l'influence des marchés sur l'origine des villes, mais il paraît bien cependant qu'il faille voir avant tout, dans la bourgeoisie, une classe de marchands et dans le droit municipal un droit nouveau approprié à un nouvel état de choses. D'ailleurs, les preuves apportées par M. von Below à l'appui de sa théorie ne sont pas convaincantes. Tout d'abord, pour que l'on fût en droit de rattacher la juridiction du conseil urbaine la juridiction du *Burding*, il faudrait que l'on pût démontrer l'existence de celle-ci à une époque très ancienne. Or, avant l'apparition des villes, nous ne voyons pas de communautés de village en possession d'une juridiction autonome. En outre, et cette objection est plus grave encore, la juridiction en matière de poids et mesures, dont M. von Below fait l'élément essentiel et primordial de la juridiction du conseil, n'est pas d'origine communale. Elle est publique ; elle fait partie intégrante du *comitatus*. J'ajoute que M. von Below n'a pas réussi à montrer que dans les villes anciennes la compétence du conseil fût identique à celle du *Burding*. Il en est de sa théorie comme de celle de von Maurer :

on ne peut l'appliquer qu'aux bourgs de la fin du moyen-âge qui ne sont, au fond, que des villages pourvus d'institutions imitées de celles des villes. On pourra objecter, il est vrai, que dès l'origine les villes possèdent des terrains communaux (*Allmende*), et qu'en bien des cas leur banlieue n'est autre chose qu'une marche de village. Mais ce ne sont point là des phénomènes nécessaires et généraux. Si les bourgeois tiennent du seigneur des droits d'usage dans quelques arpents de prés ou de terres vagues, c'est non pas qu'ils aient formé à l'origine une commune rurale, mais tout simplement parce que, étant données les conditions de la vie urbaine au moyen âge, l'agglomération d'une population de quelque importance en un même endroit serait impossible sans la jouissance de ces droits. Quant à la banlieue de la ville, on peut démontrer que, fort souvent, elle a été formée artificiellement et ne coïncide avec aucune circonscription préexistante. Au surplus, on a des exemples de villes fondées sur le territoire d'un village et conservant à côté de lui une existence absolument indépendante : preuve évidente, semble-t-il, que la ville et le village sont, dès le début, choses fort différentes. En somme, si l'on constate entre l'administration et la juridiction urbaines, d'une part, et celles du village, d'autre part, des ressemblances assez nombreuses, ces ressemblances s'expliquent naturellement par le fait que, dans toute agglomération d'hommes, certaines institutions naissent fatalement de la vie en commun. Et il est dangereux, je pense, d'aller plus loin et d'établir un lien de filiation là où l'on a affaire seulement à des phénomènes d'analogie.

Presqu'en même temps que M. von Below, un érudit de génie, M. Sohm, formulait une nouvelle théorie, la dernière en date et la plus originale de toutes celles dont j'ai parlé jusqu'ici. L'apparition de son *Entshehung des deutschen Städtewesens* a été un événement. C'est un essai, d'une puissance et d'une hardiesse singulières, de bâtir, sur les principes du plus ancien droit germanique, toute la constitution municipale du moyen âge. Quand bien même, comme cela semble dès aujourd'hui probable, les conclusions en devraient être rejetées, il restera cependant comme une œuvre d'une force et d'une beauté singulières, comme une des productions les plus caractéristiques d'un des esprits les plus originaux et les plus généralisateurs de ce temps-ci. La doctrine de M. Sohm ne se rattache à aucune théorie antérieure. Elle est au plus haut point neuve et indépendante. Pourtant, elle a été provoquée par deux études de quelques pages chacune, mais toutes deux de grande valeur : le *Weichbild* de M. Schrœder et l'article de M. Schulte sur les villes neuves de l'abbaye de Reichenau.

C'est en 1886, dans le recueil de mélanges publiés en l'honneur de Waitz par ses anciens élèves, que M. Schrœder a donné du mot *Weichbild* une explication aussi neuve qu'ingénieuse. On sait que dans l'Allemagne du Nord, le mot *Weichbild* désigne le droit urbain et en même temps le territoire dans lequel ce droit est appliqué (la banlieue). Depuis longtemps déjà, ce mot avait exercé la sagacité des savants sans qu'une solution satisfaisante eût été trouvée. M. Schrœder a tenté, à son tour, de déchiffrer l'énigme. Pour lui, le *Weichbild* est à l'origine la croix élevée sur le marché en signe de paix et de protection, laquelle se transforme plus tard en croix urbaine, symbolisant la franchise de la ville. Cette croix n'a aucune signification religieuse : elle est un emblème royal. À ses bras on suspend le gant et l'épée du roi, marquant ainsi que la juridiction royale règne là où la croix est plantée. *Marktkreuz* d'abord, *Freiheitskreuz* ensuite, le *Weichhild* est donc le signe visible de la protection accordée par l'État au marché, puis à la ville. Et, bien qu'on n'en rencontre guère le nom qu'en Saxe, on peut affirmer cependant que l'institution a été en vigueur non seulement dans toute l'Allemagne, mais encore en France. Les croix de liberté de la loi de Beaumont seraient des *Weichbilder*, absolument comme les Roland de Brème, de Lübeck et de Magdebourg.

Si les ingénieuses recherches de M. Schrœder indiquaient déjà qu'il fallait chercher surtout dans le droit de marché (*Marktrecht*) l'origine du droit de la ville, puisque d'après lui l'emblème urbain n'est autre que celui du marché, M. Schulte vint faire accomplir une nouvelle étape dans la voix nouvelle. De l'étude attentive d'une charte inédite de l'abbé de Reichenau, fondant, en 1100, un marché à Radolfzell, il était amené à des conclusions d'une haute importance. Il montrait qu'à Radolfzell, aussi bien que dans la localité voisine d'Allensbach, le droit urbain provient du *jus fori* et que le marché est l'ancêtre de la ville.

M. Sohm a vu d'un coup d'œil les conséquences que l'on pouvait déduire des faits signalés par MM. Schrœder et Schulte. Quelques mois après l'apparition du travail de ce dernier, il formulait une doctrine nouvelle, à la fois simple, complète et si logiquement construite qu'il est impossible d'en rien ôter sans que croule tout l'édifice.

M. Sohm part d'une affirmation catégorique : le droit urbain est un droit de marché. L'un et l'autre, en effet, sont symbolisés par un emblème commun : le *Weichbild*. Mais, tandis que le *Weichhild* des foires est temporaire, celui de la ville est permanent. La croix de bois du marché fait place, dans la ville, à un Roland de pierre. Et ce *Weichbild* permanent, ce *Weichbild* de pierre, atteste que le droit extraordinaire de la foire est devenu le droit ordinaire de la ville. En droit, la ville n'est autre chose qu'un marché perpétuel. Mais ce n'est pas tout : le *Weichbild* est en effet un emblème royal. Là où il est planté, là est censé se trouver le roi. Ainsi le roi, temporairement présent au marché, est perpétuellement présent dans la ville, puisque dans la ville est érigée une croix permanente. La ville est donc, dans toute la rigueur du mot, une demeure royale, une *Kœnigsburg. Weichbildrecht, Marktrecht, Burgrecht*, sont tous synonymes. Chacun de ces mots désigne un des éléments juridiques du *Stadtrecht*.

Ces principes établis, le reste de la théorie s'en déduit avec la précision d'un raisonnement mathématique.

Demeures royales, le marché comme la ville, celui-là par intermittences, celle-ci pour toujours, sont régis par le droit qui règne dans la demeure royale. Or, ce droit, nous le connaissons : nous le trouvons consigné déjà dans les lois germaniques. C'est un droit d'exception plus sévère et plus dur que le droit commun. De même que tout dommage causé à un serviteur du roi est puni d'une amende triple, de même tout délit commis dans le palais entraine un châtiment extraordinaire. Partant, le droit de la ville (*Kœnigsburg*) sera infiniment plus sévère que celui du plat pays. La *pax civitatis*, la *Stadtfriede*, est protégée par un droit impitoyable, parce qu'elle est identique à la *Kœnigsburgfriede*.

Comme le palais royal encore, la ville est un asile et par là même une franchise. Elle constitue une sorte d'immunité vis-à-vis des juridictions ordinaires dont l'action ne l'atteint pas plus qu'elle n'atteint le palais. Il en résulte que la ville doit posséder son tribunal, sa juridiction propre. Et de fait, nous voyons que le plus ancien et le plus nécessaire privilège de la bourgeoisie est de n'être justiciable que du tribunal urbain. Ce tribunal, est-il besoin de le dire, est un tribunal public. Le juge qui le préside (maire, amman, villicus, écoutète) est un centenier. Ses assesseurs sont pris parmi les bourgeois propriétaires, c'est-à-dire parmi les détenteurs du sol de l'asile.

Si l'existence du tribunal urbain s'explique par le fait que la ville est un asile, la compétence de ce tribunal ne peut être comprise qu'en se rappelant que la ville est un marché. Cette compétence comprend essentiellement les affaires commerciales et les affaires de police. À la longue, elle s'est étendue aussi aux affaires immobilières relatives au sol urbain. Quant à la haute justice, la ville ne l'a acquise que rarement ; en règle générale, elle n'a cessé d'appartenir au roi ou au seigneur territorial.

La constitution urbaine n'est achevée que quand la ville possède un conseil. Pour M. Sohm, en vertu des prémisses d'où découle toute la théorie, le conseil n'est en rien une magistrature autonome, un organe communal. Il n'est qu'un dédoublement du juge urbain. À mesure, en effet, que la population s'est accrue, les attributions de cet officier sont devenues trop lourdes. Le conseil a été créé pour lui alléger la besogne : les pouvoirs qu'il exerce appartenaient tous primitivement au *Richter* municipal.

Tout, on le voit, s'explique dans la théorie de M. Sohm par le droit royal. La ville est à la fois marché royal, demeure royale, asile royal. Les divers courants qui alimentent le droit urbain sortent de la même source : l'antique royauté germanique. C'est elle seule qui a créé les bourgeoisies : *allein das Amtsrecht des germanischen Königthums hat machtvoll als sein lebenskräftigstes, noch heute blühendes Erzeugnis der deutschen und der ganzen abendländischen Entwickelung, das deutsche Bürgerthum geschenkt.*

Il est impossible, je pense, de lire le livre de M. Sohm sans se laisser convaincre. On est subjugué, bon gré mal gré, par la logique inflexible de l'exposition, par la précision du style, par ce génie de la généralisation que possède à un si haut degré l'illustre professeur de Leipzig. Mais, quand échappé à la domination du maître on se reprend et on se recueille, les objections se présentent en foule et le brillant système paraît construit sur des bases bien fragiles.

Dès son apparition, la nouvelle doctrine a été l'objet d'un grand nombre de travaux. MM. Kauffmann, Fockema-Andreae, von Below, Bernheim, Kuntze l'ont soumise à la critique. Aucun d'eux ne l'a acceptée sans de grandes réserves ; la plupart même l'ont rejetée formellement.

Et tout d'abord, il ne semble pas possible d'identifier aussi complètement que le fait M. Sohm la ville et le marché. Si la ville, en effet, n'est autre chose qu'un marché permanent, le droit royal, le droit d'exception du *Weichbild* doit y régner sans interruption, d'un bout à l'autre de l'année, du 1er janvier au 31 décembre. Dès lors, pourquoi, jusqu'à la fin du moyen âge et plus tard encore, érige-t-on une croix dans la ville aux époques de foire ? Quelle peut être la signification de cette croix temporaire, puisque la ville possède une croix permanente qui fait d'elle un marché perpétuel ? Dès le premier pas, on se heurte donc à une difficulté fort sérieuse. Car, en effet, ou bien la croix érigée pendant la foire n'a pas de signification juridique, et que devient alors la théorie du *Weichhild* ? ou bien il faut admettre qu'à côté ou plutôt qu'au-dessus du droit urbain, il existe encore un droit de marché différent de lui et que, partant, *Marktrecht* et *Stadtrecht* ne sont pas synonymes.

Si, manifestement, M. Sohm a trop complètement assimilé la ville au marché, il semble n'avoir pas réussi non plus à démontrer que, de par la vertu magique de la croix (*Weichbild*), ville et marché sont tous deux des demeures royales. Ici il a appelé l'étymologie à son secours. Il donne à la racine *wich, weich*, que l'on trouve dans *Weichbild*, la signification de *Burg*, c'est-à-dire d'habitation fortifiée, de château fort et spécialement, dans le cas qui nous occupe, de château royal. Le *Weichbild* est donc l'emblème (*bild*) du château, du palais du roi, et la ville où il est planté devient une *Konigsburg*. Malheureusement, cette ingénieuse digression philologique a le tort d'être complètement erronée. Il suffit d'ouvrir le dictionnaire de M. Kluge, pour apprendre que *Weichbild* est composé des deux mots *wik = vicus* et *bild* apparenté à l'ancien germanique *bilida*, synonyme de *Recht*. Il faut donc traduire tout simplement ce fameux *Weichbild*, dans lequel on a voulu voir tant de symbolisme, par : paix ou juridiction locale, *Ortsgericht, Stadtfriede*.

Voilà, ce semble, les axiomes formulés si rigoureusement par M. Sohm au début de son livre singulièrement compromis et, partant, la théorie qui en est si logiquement déduite, en grand danger. Mais il est encore d'autres objections, et des plus graves, que l'on peut faire valoir contre elle. Elle a trop rapidement généralisé et n'a pas suffisamment tenu compte des faits. La croix, il faut toujours y revenir, n'est érigée que pendant les foires (*nundinae*) : elle ne figure pas aux marchés hebdomadaires (*mercatus*). Or, dans beaucoup de grandes villes, on ne constate l'existence de foires qu'à une époque fort récente, et, d'autre part, des foires ont été tenues très anciennement dans des villages qui, cependant, n'ont pas cessé pour cela d'être de simples villages. Que conclure de là sinon que, dans le sens du moins où l'entend M. Sohm, l'identité absolue de *Stadtrecht* et de *Marktrech* est insoutenable ?

En outre, si la ville est une demeure royale, pourquoi ne possède-t-elle pas nécessairement et toujours la haute justice ? Le roi exerce celle-ci dans son palais : la ville doit donc aussi l'exercer dans ses murs. C'est une contradiction d'admettre d'une part que la ville est une demeure royale, que le roi y est toujours présent, et de ne lui accorder d'autre part qu'une juridiction compétente en matière de commerce et de police. Enfin, la manière de voir de M. Sohm quant à l'origine du conseil est inadmissible. Le conseil est avant tout l'expression de l'autonomie urbaine : en France, comme en Allemagne, il apparaît comme une magistrature essentiellement communale. Dans les deux pays, c'est à lui que s'en prend le pouvoir central quand il est en lutte avec la ville. Entre ses pouvoirs et ceux du juge urbain, il y a une différence profonde. M. Sohm le reconnaissait lui-même jadis implicitement dans une brillante étude sur les finances urbaines. D'ailleurs, ici encore, les faits sont en contradiction avec la théorie. Le plus ancien conseil municipal mentionné en Allemagne est celui de Medebach, en 1165. À Cologne, le conseil apparaît seulement beaucoup plus tard. Faudrait-il donc croire qu'on ait éprouvé, dès le XIIe siècle, le besoin d'alléger les fonctions de l'écoutète de Medebach, alors que ce fonctionnaire pouvait encore suffire à sa tâche dans la puissante cité rhénane, la plus peuplée de toute l'Allemagne ? Je terminerai par une dernière remarque.

La formation juridique de la ville, d'après la théorie de M. Sohm, paraît incompatible avec l'histoire du Saint-Empire germanique au moyen âge. On pourrait admettre que dans une monarchie absolue le droit urbain soit une émanation du droit royal. Mais on sait quelle a été la faiblesse du pouvoir central en Allemagne. D'ailleurs, en règle générale, les empereurs ont été bien plus souvent hostiles que favorables aux bourgeoisies. À partir du XIIe siècle, c'est-à-dire précisément à partir de l'époque où s'achèvent les constitutions urbaines, ils ont systématiquement favorisé les princes au détriment des villes. Leur conduite politique, à cet égard, diffère du tout au tout de celle des rois de France. Ce n'est qu'à la fin du moyen âge qu'on voit les villes se réclamer de l'empereur et prétendre à l'« immédiateté. » Au début, on ne découvre rien de semblable. En somme, M. Sohm s'est placé, je crois, à un point de vue trop exclusif. Il a voulu expliquer le droit municipal par quelques principes juridiques comme s'il eût eu affaire à une question de droit romain. Tout entier à l'abstraction, il a perdu de vue les conditions politiques et sociales au milieu desquelles il s'est développé. Bref, il a écrit une admirable théorie du droit urbain tel qu'il aurait pu être si les principes juridiques étaient les seuls facteurs du développement de l'humanité.

Nous sommes arrivé au terme de cette longue revue des théories générales sur la formation des villes. Comme on l'a vu, aucune d'elles n'a réussi à s'imposer. Une seule pourtant doit être absolument rejetée : celle qui affirme la persistance au moyen âge du régime municipal romain. Pour les autres, elles ont servi largement à l'avancement de la science. Chacune d'elles a éclairé, à son tour, un côté de la question. Leur tort commun a été non d'avoir mal vu, mais d'avoir vu trop étroit. À mesure que de nouveaux éléments du problème étaient découverts, on prétendait tout y ramener. C'est ce qui est arrivé successivement pour les privilèges ottoniens, pour le *Hofrecht*, pour la gilde, pour la marche et pour le marché. Mais on doit reconnaître, qu'à cause même de leur exclusivisme, les théories générales ont été singulièrement fécondes. Elles ont groupé les travailleurs, leur ont assigné un objectif, ont concentré leurs efforts sur un même point. La synthèse chaque fois a provoqué l'analyse et, sans les théories générales, nous ne posséderions pas aujourd'hui un aussi grand nombre d'excellentes monographies sur les divers éléments constitutifs de la ville.

Il n'en est pas moins vrai, cependant, que la solution définitive reste à trouver. Tandis que l'accord s'est fait sur les origines du système féodal et que l'on ne discute plus guère que sur des détails, les savants sont bien loin de s'entendre sur les causes premières du développement municipal au moyen âge. On en connaît les principaux facteurs, mais on n'a pas déterminé encore l'importance qu'il faut respectivement attribuer à chacun d'eux. Peut-être cela vient-il de ce que le problème a été généralement envisagé à un point de vue trop étroitement national. Si, comme la féodalité ou le socialisme contemporain, les villes du moyen âge sont avant tout le produit de certaines causes économiques et sociales, il faut, ce semble, les étudier sans tenir compte des frontières politiques. De même qu'on ne distingue pas une féodalité française et une féodalité allemande, de même aussi il n'y a pas lieu d'établir une ligne de démarcation entre les villes allemandes et les villes françaises. Sans doute, les différences de détail sont innombrables ; sans doute aussi, sous l'action de l'État qui, à partir du XIIIe siècle, s'organise en France et en Allemagne suivant des types très différents, l'évolution urbaine s'est continuée, ici et là, par des voies fort divergentes. Mais les causes profondes des origines du mouvement sont les mêmes dans les deux parties de la *Francia*. Dans les bassins de la Seine et du Rhin, l'organisation primitive des villes présente les mêmes caractères essentiels. C'est ce que je voudrais montrer dans la suite de cet article. Et peut-être, quand nous aurons vu en quoi les constitutions urbaines d'Allemagne et de France sont identiques et en quoi elles diffèrent, pourrons-nous mieux apprécier l'importance et la valeur relatives des divers facteurs qui ont contribué à la formation des villes au moyen âge.

Chapitre II

I. — On sait que les villes romaines ont survécu à l'Empire romain en Occident. Si dans l'extrême Nord, sur les frontières germaniques, quelques-unes d'entre elles ont été détruites de fond en comble, on s'aperçoit tout de suite, cependant, qu'après les invasions, la plupart des cités restent debout. Il suffit de lire les textes du VIe siècle pour voir que, dans ce temps-là, la Gaule est encore un pays de villes. En dépit du désordre grandissant et de l'anarchie menaçante, toute vie municipale n'est pas éteinte. Les vieilles murailles et les édifices publics sont entretenus. On continue à insinuer les actes aux *gesta municipalia*. Çà et là, il est encore fait mention du *defensor civitatis* ou des *curiales*. D'ailleurs, il subsiste quelque activité commerciale et industrielle. Les droits de douane n'ont pas cessé de fournir à l'État des revenus assez abondants. Grégoire de Tours vante la richesse des Verdunois; il cite la *negutiantium domus* de Paris et parle fréquemment de marchands juifs et syriens. Il est manifeste que la Gaule se trouve encore, quand il écrit, en relations suivies avec l'Orient et que les ports de la Méditerranée n'ont pas alors perdu toute importance.

Toutefois, cet état de choses ne pouvait durer. La vie économique s'éteint, en Gaule, comme s'éteint la vie littéraire, faute d'aliments. On voit l'or se raréfier peu à peu, puis disparaître complètement. Le système des échanges en nature tend à se substituer de plus en plus à celui de la circulation monétaire. Quand la

Méditerranée est devenue un lac musulman, c'en est fait, et l'on entre alors décidément dans l'âge agricole du moyen âge. À l'époque carolingienne, l'argent atteint à la fois le maximum de sa valeur et le minimum de son emploi. La terre est maintenant la seule richesse connue, et dès lors se propagent victorieusement le système seigneurial et la féodalité. En vertu d'une nécessité inéluctable, l'importance des grands domaines ne cesse d'augmenter. Autour d'eux ils absorbent rapidement la petite propriété, sans laquelle la liberté personnelle ne peut se maintenir. L'État tente vainement de s'opposer à cette action dévorante. Une loi économique plus puissante que celles qu'il édicté paralyse ses efforts. À mesure qu'on avance, les *ingenui* se font de plus en plus rares, les *servi* deviennent de plus en plus nombreux. En pays germanique on constate le même phénomène qu'en pays roman : les marches sont absorbées par les seigneuries voisines. Bien rares sont les vilains qui ont pu conserver alors leur indépendance. Partout, le servage est la règle. C'est au point que les sources emploient dans le même sens les mots *servi* et *rustici*. Le temps n'est plus où Grégoire de Tours voyait entre la liberté et la non-liberté un contraste aussi éclatant qu'entre le blanc et le noir. Du *dagescalcus*, de l'*homme de corps*, du *prebendarius*, au *censualis* ou au *fiscalinus*, il y a une infinité de nuances. Les uns appartiennent à un maître, leur personne est une propriété privée, tandis que d'autres n'ont subi qu'une sorte de *capitis deminutio* et continuent à relever des anciens fonctionnaires publics, devenus seigneurs féodaux.

Ici, le droit domanial régit les petites propriétés et les petits propriétaires qui sont venus se parquer dans les cadres du grand domaine. Là, les hommes sont soumis aux *justices* d'un comte ou d'un avoué. Quelles que soient les précautions que prenne encore la langue officielle pour cacher la réalité, en fait, les droits régaliens sont devenus des droits privés, et l'impôt, sous toutes ses formes, n'apparait plus aux hommes de ce temps-là que comme une rente héréditaire pour celui qui le perçoit, et que comme une exaction pour celui qui le paye.

Bref, sous la diversité des détails dans la condition des personnes et sous la différence d'origine dans les pouvoirs dont elles relèvent, le grand fait qui, depuis le ixe siècle, se dégage de plus en plus nettement, c'est la disparition de la liberté dans la population rurale.

L'Europe semble être organisée en castes : clercs, nobles et paysans, les deux premières libres, la troisième servile. Il n'y a plus ni commerce, ni industrie. Il n'existe plus de circulation ni des hommes, ni des choses : tout est seigneurial, tout est local, tout est immobile. Les routes ne sont plus entretenues, les ponts tombent en ruines. Au Xe siècle, dans les environs de Paris, ils sont si délabrés qu'on n'ose s'y risquer à cheval. L'ancienne administration romaine, vivante encore aux débuts de l'époque franque, ne remplit plus son office : elle n'est plus qu'un ensemble de revenus appartenant en propre aux féodaux et aux immunistes.

Dans ces conditions, toute vie urbaine disparaît. Le vide se fait dans les murailles des cités. Les champs gagnent de proche en proche sur les constructions, les vieux édifices abandonnés tombent en ruine ou sont, tant bien que mal, appropriés à des besoins impérieux de défense. Un quartier de Nîmes se bâtit dans le cirque, le Capitole de Narbonne, la *porta Martis* de Reims, servent de châteaux forts. Bientôt, il n'y a plus qu'une partie de la vieille enceinte qui soit encore peuplée. Souvent la ville s'est retirée et comme concentrée en un point de son territoire. Elle consiste en un *castrum* carré, percé de portes, grossièrement construit avec des décombres.

De l'ancienne vie municipale, rien ne subsiste plus. Il semble même, tant est grande la variété des noms qu'on donne à ce qui reste des villes, qu'on ait perdu jusqu'à la notion de ce qu'elles avaient été jadis.

Cependant, si la vie municipale s'est éteinte, il se manifeste encore dans plusieurs des vieilles villes romaines quelque activité. En effet, le diocèse dont le centre a été placé jadis au chef-lieu de chaque *civitas* n'a pas disparu, et la présence de l'évêque suffit à animer les cités. Autour de la cathédrale, on rencontre des monastères et des écoles. En face du *palatium* se dresse la tour de l'avoué ou du burgrave. Ailleurs, ce sont les habitations des *milites castrenses* chargés de la défense de la ville, puis les demeures plus simples de la *familia*. À côté des clercs, des religieux et des étudiants, vivent une foule de laïques employés à divers services. Et, à la différence des princes féodaux, qui, avec leurs hommes, voyagent de château en château, consommant sur place et tour à tour les récoltes de leurs domaines, le seigneur de la ville épiscopale est sédentaire. L'évêque est fixé à demeure au siège de son diocèse. Ses déplacements sont rares et durent peu. Dès lors, il lui faut, pour lui et pour son entourage, des approvisionnements abondants et permanents. Il a besoin pour son entretien, comme pour celui de tous les clercs et de tous les laïques qu'il dirige ou qu'il emploie, de vastes celliers, de caves profondes et toujours pleines, de granges continuellement garnies. Le siège de l'évêché forme le centre de l'exploitation des domaines ecclésiastiques. C'est vers lui que se dirigent, sous la surveillance des *villici*, les blés et les vins des pays environnants.

D'autre part, dans la ville même, *sous le moustier*, des hommes en grand nombre sont nécessaires à l'entretien de la cour épiscopale. Des *servientes* y sont chargés de cuire le pain, de fabriquer la bière, de tanner le cuir et de préparer le parchemin. On y rencontre des charpentiers, des charrons, des maçons, des serruriers, des armuriers, bref tous les métiers qui sont indispensables, à cette époque de stagnation commerciale, à tout grand domaine, mais qui sont ici plus indispensables que partout ailleurs. Ajoutez à cela toutes les personnes employées au service des églises : portiers, fossoyeurs, sonneurs de cloches, etc.

On voit donc que la résidence épiscopale présente une vie fort active et fort intéressante. Elle est vraiment, en raccourci, le tableau de la civilisation de ce temps. C'est là que l'on aperçoit clairement, dans leurs rapports harmoniques, les trois classes de la population : le clergé priant et étudiant, la noblesse protégeant le clergé de son épée, et le peuple, de son travail, faisant vivre l'une et l'autre. Mais combien ces caractères de la *civitas* du premier moyen âge diffèrent de ceux de la *civitas* antique ou de la bonne ville du XIIIe siècle !

À vrai dire, cette vie des cités épiscopales est le contraire de la vie urbaine. Elle n'existe pas pour elle-même : elle ne sert qu'à des buts ecclésiastiques. Au lieu que la ville soit alors, comme à l'époque romaine, le centre et en quelque sorte le résumé de toute une circonscription politique ou, comme au moyen âge, un membre autonome et puissant de la hiérarchie féodale, une seigneurie collective, elle n'est guère qu'un ensemble de gens d'Église, d'officiers seigneuriaux, de serviteurs et de serfs de toute espèce. Sa population se répartit en groupes fort différents, suivant chacun son droit et ses usages propres. Le mot *burgensis* n'existe pas encore, et, ce que les textes appellent *civis*, c'est non l'homme auquel le droit reconnaît une condition particulière, mais tout simplement l'habitant laïque de la *civitas*.

Il y a plus. La ville n'est pas seulement le centre d'un grand domaine ; elle consiste le plus souvent dans la juxtaposition de plusieurs centres de grands domaines. Il est rare qu'à côté du *castrum* fortifié, dans les villes épiscopales, il n'existe pas quelque immunité ou quelque seigneurie féodale. Parfois, c'est un laïque qui possède son territoire propre, à Worms, par exemple, le duc de Franconie, et à Tournai, le châtelain. Le plus souvent, c'est un monastère : Saint-

Rémy à Reims, Saint-Léger à Cognac, Saint-Martin à Tours.

D'autre part, toutes les villes ne sont pas des résidences d'évêques. Il arrive que leur premier occupant est une abbaye, comme à Saint-Omer ou à Arras. Ailleurs encore, le *castrum* primitif est une forteresse laïque. C'est ce que l'on peut constater, entre autres, avec une netteté particulière, en Flandre, à Bruges, à Gand et à Ypres, ainsi que dans les *urbes* fondées par Henri l'Oiseleur le long de l'Elbe et de la Saale. Du reste, ces villes n'ont pas échappé plus que les autres à la « loi de dispersion. » Presque toujours, elles se partagent entre plusieurs juridictions spéciales. En Flandre, à côté de la terre du comte existe, à Bruges, celle de Saint-Donatien, à Ypres, celle de Saint-Martin, à Gand, celles de Saint-Pierre et de Saint-Bavon. Il est inutile d'insister longuement sur ce point. M. Flach a montré récemment, dans un tableau aussi précis qu'il est vivant et complet, que les villes du moyen âge, avant le XIe siècle, n'ont été, pour ainsi parler, qu'une juxtaposition de pièces de rapport. Et cette vérité, si bien établie pour la France, se justifie non moins pleinement pour l'Allemagne.

Ce serait une erreur de croire que tout le sol de la ville ait été soumis exclusivement au droit domanial. En dehors des immunités et des terres privilégiées, s'exercent des justices qui, malgré des altérations profondes et en dépit de leur caractère héréditaire, se rattachent directement aux fonctions confiées jadis aux officiers publics : ce sont celles des comtes, des vicomtes, des avoués, des vidames, etc. Quelques textes fort curieux qui nous ont été conservés ne peuvent nous laisser aucun doute sur ce point. À Toul et à Dinant, on voit clairement que le comte conserve des attributions importantes et que toute une partie de la ville est régie en son nom. Dans ces endroits et dans beaucoup d'autres, les deux autorités publique et privée se touchent donc et se pénètrent, et à l'enchevêtrement des territoires correspond ainsi la multiplicité et la diversité des juridictions.

Il faut bien remarquer d'ailleurs que, privés ou publics, les pouvoirs qui s'exercent dans les villes ne sont pas de nature urbaine. Il n'y a rien à cette époque qui ressemble à une administration municipale, et encore moins peut-on y trouver quelques traces d'un droit municipal. À aucun point de vue, la ville ne forme alors une unité. Elle est engagée en partie dans une centène, en partie dans un ou dans plusieurs grands domaines. Il peut même se faire qu'avec plusieurs villages voisins elle constitue une marche. Si la ville se distingue alors des *villae* du plat pays, c'est par des caractères non juridiques, par ses murs, par ses portes, par ses églises, par sa population plus dense et plus variée. Il s'en faut encore de tout qu'elle ait acquis une personnalité distincte.

II. — Ainsi, on peut dire que, dans l'âge agricole du moyen âge, au sens juridique du mot, il n'a pas existé de villes. Pour qu'elles naissent, une grande transformation sociale est nécessaire.

En effet, du jour où se manifeste la renaissance du commerce et de l'industrie, où le sol cesse d'être le seul capital, où, la valeur de l'argent diminuant, on abandonne le système des échanges en nature, les vieux cadres dans lesquels la population s'est trouvée enfermée si longtemps se déforment, puis se brisent. Les castes disparaissent, le grand domaine perd de plus en plus son ancienne importance. On voit le servage de la glèbe s'atténuer lentement, des cens en argent remplacer les vieilles prestations foncières, le bail libre se faire place enfin à côté des tenures héréditaires. Sous une poussée irrésistible, l'un après l'autre, se rompent les liens qui, pendant tant de siècles, avaient attaché l'homme à la terre : le serf se transforme en homme libre. Or, la liberté va de pair avec un accroissement rapide de la population. Avec le XIe siècle, s'ouvre pour l'Europe l'époque des grands défrichements. Partout se fondent, dans les *sarts*, de nouveaux villages ; en Allemagne, des paysans néerlandais viennent coloniser les frontières slaves. Mais c'est aux villes surtout que profite le nouvel état de choses. La formation d'agglomérations de marchands et d'artisans, en certains points géographiques particulièrement favorables au développement de la vie économique, est le premier symptôme de la crise salutaire que traverse alors la civilisation de l'Europe.

On considère volontiers comme la condition indispensable de la formation d'une ville, au moyen âge, l'existence antérieure d'un monastère ou d'un château. Plus récemment, on a attribué aux marchés la même importance. On peut se demander si cette manière de voir est bien justifiée et si ses partisans n'ont pas pris pour essentiel ce qui n'est qu'accessoire.

Sans doute, dans beaucoup de villes, à Saint-Omer, à Saint-Quentin, à Maestricht, à Arras, à Lille, on constate, dès une époque fort ancienne, la présence d'une abbaye. Mais cette abbaye ne peut être considérée comme le germe dont la ville est sortie. S'il en eût été ainsi, en effet, on se verrait forcé d'admettre que plus un monastère a été riche, puissant ou célèbre, plus rapide et plus hâtif a dû être, sous ses murailles, le développement d'une ville. Or, on constate précisément le contraire. Ni à Cluny, ni à Clairvaux, ni à Corvey, ni à Fulda, il ne s'est formé de villes proprement dites. Et cela se comprend facilement. Colonies de cénobites, c'est la solitude que recherchent les monastères. Stavelot et Malmedy, Prum et Saint-Hubert, ont été bâtis dans les déserts de l'Ardenne ; Luxeuil, Bobbio et Saint-Gall, au milieu des forêts. Plus tard, les abbayes cisterciennes recherchent les frais ombrages et le calme des belles campagnes. Ainsi, en règle générale, les établissements monastiques se fixent à l'écart des grandes routes du commerce. Loin d'attirer vers eux les bourgeoisies, ils s'en écartent, ils les fuient. Et, tout compte fait, le nombre est bien minime de ceux d'entre eux qui ont vu se former, à leurs côtés, une ville véritablement digne de ce nom.

Ce qui est vrai des monastères ne l'est pas moins des châteaux forts. Si les moines recherchent, pour leurs cloîtres, la solitude et les déserts, les féodaux se préoccupent, de leur côté, d'ériger leurs donjons dans les lieux les plus inaccessibles et par là les plus propres à la défense. Ce sont des considérations exclusivement militaires qui les guident dans le choix d'un emplacement. Quand Henri l'Oiseleur a construit, sur la frontière vende, les forts de l'Elbe et de la Saale, il n'a bien certainement pas songé à provoquer par là la formation de villes le long de ces rivières. Et aussi bien c'est seulement auprès de quelques-uns de ces forts, dont la situation s'est trouvée répondre aux besoins du commerce, que se sont groupées plus tard des agglomérations urbaines. De même, en Flandre, ni Bruges ni Gand ne doivent leur naissance aux châteaux que les comtes y ont établis au Xe siècle. Toutes deux se sont formées naturellement grâce à la position admirable qu'elles occupaient : la première, au fond du golfe du Zwin ; la seconde, au confluent de la Lys et de l'Escaut. On peut d'ailleurs citer ici un curieux exemple pour montrer que les châteaux n'ont pas eu cette force créatrice qu'on se plaît souvent à leur attribuer. En 1138, l'abbé de Stavelot, Wibald, voulut fonder une ville neuve au pied de son château de Logne, dans la vallée de l'Ourthe. Il fit même rédiger, dans ce but, une charte de liberté dont nous avons conservé le texte. Ce fut en vain. Sa tentative échoua complètement, et Logne est resté jusqu'aujourd'hui un pauvre hameau de quelques chaumières au pied du vieux donjon.

Si la naissance des villes ne peut être attribuée ni aux monastères ni aux forteresses, convient-il du moins de la rapporter aux marchés ? On l'a prétendu dans les derniers temps, mais on a été, semble-t-il, trop pressé de conclure. Il est très vrai que toute ville, au moyen âge, est un centre de commerce et d'industrie, et, par là même, il est séduisant de la considérer comme un marché développé. Malheureusement, les faits se trouvent ici en contradiction avec la théorie. De même que nous ne voyons pas s'élever de villes autour des monastères les plus célèbres, de même nous n'en voyons pas non plus se former au siège des grandes foires du moyen âge. Il en est ainsi, en France, de Bar-sur-Aube et de Lagny ; en Flandre, de Messines et de Thourout. La foire, en effet, n'est qu'un rendez-vous de marchands. Ils y sont attirés par des franchises et des privilèges de toute sorte. Il en est d'elle comme des sanctuaires célèbres, où les pèlerins affluent à certains moments de l'année, à certaines grandes fêtes. Mais, les indulgences gagnées ou les affaires terminées, pèlerins et marchands disparaissent également ; ni les uns ni les autres ne se fixent à demeure. Si nous passons des grandes foires du moyen âge aux marchés fondés en si grand nombre au cours du Xe et du XIe siècle, nous constaterons qu'eux non plus, mais pour d'autres motifs, n'ont pas produit de villes. Qu'on dresse la liste très nombreuse des localités où les empereurs germaniques ont établi des marchés : Rorschach, Kessel, Vuitumbruca, Bernsheim, Chur, Wisloch et bien d'autres, et l'on verra que la plupart d'entre elles sont toujours restées de simples villages. C'est que, en fondant ces marchés, les souverains n'ont été guidés par aucune considération d'intérêt local. L'octroi d'un marché est une faveur accordée à tel fidèle, comte, évêque ou abbé, qui, par la perception du tonlieu et des autres droits utiles découlant de cet octroi, acquiert un supplément plus ou moins considérable de revenus. L'arbitraire règne ici en maître. Il arrive que l'on institue jusqu'à trois foires dans un seul village perdu au fond des forêts, tandis que de grandes villes ne possèdent pas de marchés privilégiés ou n'en obtiennent qu'à une époque fort tardive. Citons entre autres, à cet égard, Worms, Spire et Mayence. Rappelons que Tournai n'a eu de foire qu'en 1284, Leyde qu'en 1304, et Gand qu'au XVe siècle seulement. Il n'y a pas lieu, comme l'ont fait quelques-uns, d'accorder que les foires n'ont pas exercé d'influence sur le développement des villes, mais de revendiquer d'autant plus énergiquement cette influence pour les marchés de semaine. Annuel ou hebdomadaire, le marché n'est qu'un ensemble de revenus utiles, et son emplacement est fixé, dans les deux cas, au gré de celui qui doit bénéficier de ces revenus. À l'origine, le *mercatus hebdomanalis* se rencontre, comme le *mercatus annalis*, dans des villages sans importance et manque, d'autre part, à beaucoup de villes. Sans doute, à partir du jour où la vie municipale est complètement développée, il n'y a plus de ville qui n'ait son marché de semaine. Un tel marché est indispensable, en effet, à l'approvisionnement de l'agglomération urbaine. C'est là que les paysans des alentours apportent les vivres nécessaires à la subsistance de la bourgeoisie. Mais, dans le plus grand nombre des cas, ces marchés ne remontent pas à une époque ancienne. On ne prend de mesures pour l'approvisionnement d'une ville que quand cette ville existe déjà, et non pas quand elle n'est pas encore formée. Il n'est pas difficile de voir que beaucoup de villes, à l'époque où elles jouissent déjà d'une certaine importance et sont habitées par de nombreux marchands, ne possèdent pas encore de marchés. Il en est ainsi, par exemple, des villes flamandes, où les marchés du vendredi n'ont été établis qu'au cours du XIIe siècle. Il est vrai que, çà et là, des seigneurs ont essayé de fixer sur le marché leur appartenant une population de marchands; mais ces tentatives n'ont nulle part donné naissance à des villes, et il ne faut voir en elles que des essais intéressants, mais parfaitement artificiels, de colonisation.

Ainsi, on ne peut faire honneur de la création des villes du moyen âge, ni aux abbayes, ni aux châteaux, ni aux marchés. Les villes sont nées spontanément sous l'action des causes économiques qu'a suscitées en Europe la renaissance du commerce et de l'industrie. Pour comprendre comment elles se sont formées, il suffit de voir comment, de nos jours encore, elles se fondent dans les terres neuves de l'Amérique. C'est à certains endroits particulièrement bien situés, aux confluents, au fond des rades, le long des grands fleuves, qu'elles se sont établies tout d'abord. De lui-même, en effet, le courant économique se porte vers ces endroits. Il s'y dirige naturellement comme les eaux vers les vallées. Voyez la situation des premières villes médiévales : Bruges, Rouen, Bordeaux, Hambourg, au fond d'un estuaire ; Paris, Cologne, Worms, Amiens, Avignon, sur un cours d'eau ; Gand, Liège, Lyon, Mayence, au confluent de deux rivières. Les gués, les ponts, les croisements des routes qui joignent les uns aux autres les divers bassins fluviaux, voient apparaître d'autres villes. Les noms de

Maestricht et d'Utrecht nous rappellent encore que ces villes doivent leur naissance aux ponts de la Meuse, comme Avignon doit la sienne à celui du Rhône. Francfort-sur-le-Mein est le gué des Francs (*Vadum Francorum*) Strasbourg, la cité des routes. Ailleurs, comme par exemple à Verdun, à Bâle et à Malines, la ville se forme dans l'endroit où le fleuve commence à être navigable, la nécessité d'embarquer ou de débarquer les marchandises en cet endroit y amenant naturellement une grande activité commerciale. Bref, on peut dire que la formation des villes médiévales est due à des causes purement naturelles et qu'elle s'explique non par l'histoire politique, mais par la géographie. L'État n'est encore, à cette époque, ni assez centralisé ni assez perfectionné pour maintenir artificiellement une population urbaine en un point où, laissée à elle-même, elle ne se serait pas portée.

Si cela est vrai, on comprend facilement que la plupart des premières villes du moyen âge aient dû s'établir sur les emplacements occupés jadis par les villes romaines.

Les villes romaines, en effet, n'étaient pas des créations artificielles. Leur emplacement réunissait, presque toujours, la plupart des conditions géographiques sans lesquelles une agglomération urbaine de quelque importance ne peut se maintenir et prospérer. Il n'y a donc rien d'étonnant à voir presque toutes les *civitates* se réveiller et reprendre une activité engourdie pendant de longs siècles, lorsque à l'âge agricole succède en Europe une nouvelle vie économique. Situées d'ailleurs à l'intersection de ces voies romaines, de ces indestructibles chemins de César qui ont été durant des centaines d'années les seules grandes routes qu'aient connues les hommes du moyen âge, par là encore elles étaient destinées à devenir les premiers foyers de la vie municipale. Le commerce s'était jadis naturellement porté vers elles, et il reprend maintenant son ancienne direction. Les cités qui, du ixe siècle au XIe siècle, n'avaient guère été que le centre de grands domaines ecclésiastiques, par une transformation rapide et inévitable, vont récupérer leur caractère primitif qu'elles avaient perdu depuis si longtemps.

Du reste, les *civitates* et les *oppida* antérieurs à la destruction de l'Empire, s'ils comprennent la partie la plus nombreuse des premières villes du moyen âge, n'en comprennent pas la totalité. Dans le nord de la Gaule, faiblement colonisé par les Romains, aux embouchures de la Meuse et de l'Escaut, sur la rive droite du Rhin, certaines localités favorablement situées ont ressenti, elles aussi, et de très bonne heure, l'influence salutaire du commerce. Valenciennes, Ypres, Gand, Bruges, Hambourg et Magdebourg deviennent des villes en même temps que le redeviennent Cologne, Worms, Spire, Laon, Soissons et Beauvais. Ainsi, partout et pour les mêmes causes, la vie urbaine reparaît en Europe. Et ce n'est pas de l'origine romaine ou non romaine des villes qu'il faut tenir compte pour expliquer ce grand fait, mais uniquement de leur situation géographique.

Des considérations qui précèdent, le lecteur aura déjà tiré la conclusion. Les villes sont l'œuvre des marchands ; elles n'existent que par eux. Romaines ou non romaines d'origine, sièges d'un évêché, d'un monastère ou d'un château, libres ou soumises au droit domanial, elles ne commencent à acquérir une constitution municipale que du jour où, à côté de leur population primitive, vient se fixer une autre population, vivant essentiellement de commerce et d'industrie. Il est donc essentiel, avant d'entreprendre l'analyse de la population urbaine, de jeter tout d'abord un coup d'œil rapide sur la condition et le genre de vie des marchands pendant les temps antérieurs à la formation des villes.

C'est à l'époque carolingienne que nous apparaît pour la première fois le type du marchand médiéval. La *Translatio SS. Marcellini et Petri* et les *Miracula S. Goaris* nous montrent les *mercatores* montant et descendant, avec leurs barques, le Rhin et le Mein. Outre leurs cargaisons de blés ou de vins, provenant sans doute de l'excédent de la production des grands domaines, ils transportent des passagers, des pèlerins, des malades qu'ils débarquent aux sanctuaires célèbres. À côté de ces marchands navigateurs, d'autres, plus modestes, nous apparaissent comme de simples colporteurs dont toute la fortune consiste en un âne et une légère pacotille.

Ces marchands carolingiens sont essentiellement des êtres errants. Leur genre de vie consiste à voyager, vendant et achetant, de foire en foire, de *portus* en *portus*. Au milieu d'une société où presque tous les hommes sont plus ou moins étroitement attachés au sol, ils mènent une existence vagabonde. Comme les pèlerins, ils passent sans s'arrêter nulle part. Dans les régions qu'ils traversent, on les considère comme des étrangers, et, de fait, un grand nombre d'entre eux, Juifs ou Lombards d'origine, n'ont vraiment rien de commun avec les populations de l'Europe occidentale. Ainsi, ils vivent en dehors des conditions régulières de l'existence. Ils ne font partie d'aucune *familia* ; ils échappent au pouvoir des *seniores*, et partant ils ne jouissent pas non plus de leur protection constante et effective. Et cependant personne, plus que ces voyageurs perpétuels, n'a besoin de sécurité. C'est le pouvoir public qui se chargera de la leur garantir, car il a intérêt à ne pas les laisser disparaître. Dans son État agricole, l'empereur cherche à maintenir une certaine circulation des biens, dont les agents soient directement rattachés à sa personne. La politique de Charlemagne vis-à-vis des marchands ressemble de très près à celle que les princes ont adoptée plus tard vis-à-vis des Juifs : il les protège et il les exploite. Chaque année, au mois de mai, les marchands doivent se rendre au palais et verser dans la cassette impériale des taxes proportionnées au montant de leurs bénéfices. En retour, l'État veille sur leurs personnes et sur leurs biens. Il leur accorde des privilèges en matière de juridiction, les recommande spécialement à la vigilance de ses fonctionnaires. En leur faveur, il prend des mesures pour le bon entretien des ponts, des quais et des marchés. Il règle la perception des tonlieux et abolit les péages illicites.

Cette législation faite dans l'intérêt des marchands ne dure qu'aussi longtemps que se maintient l'autorité de l'empereur. On observe que, déjà sous le règne de Charles le Chauve, elle n'est plus guère respectée. Elle disparait tout à fait quand les pouvoirs publics se transforment en justices seigneuriales. Le tonlieu n'est plus désormais qu'un instrument d'oppression. Les routes sont infestées de brigands. Une insécurité absolue a remplacé le bon ordre de jadis. Qu'on ajoute à cela les guerres civiles incessantes, les embouchures des grands fleuves fermées par les Normands, les incursions des Hongrois, et l'on comprendra facilement quel a dû être l'état du commerce à la fin du IXe siècle. Mais l'ordre ne tarde pas à se rétablir. En Allemagne, les empereurs de la maison de Saxe reviennent à la tradition carolingienne et prennent les marchands sous leur protection. En France, le roi agit de même. De son côté, l'Église frappe de l'excommunication les détrousseurs de grands chemins. Les princes territoriaux imitent ces exemples. De très bonne heure, on les voit prendre des mesures énergiques contre les pillards, veiller au bon ordre des foires et à la sûreté des marchands. Au XIe siècle, de grands progrès ont été accomplis, et des chroniqueurs constatent qu'il est des régions où l'on peut voyager avec un sac plein d'or sans risquer d'être dépouillé. Dès lors, les marchands réapparaissent sur les routes et, la renaissance du commerce aidant, ils se répandent de proche en proche à travers toute l'Europe occidentale.

Si les marchands des premiers siècles du moyen âge sont surtout voyageurs, il est toutefois évident que, dans les intervalles de leurs courses ou pendant la mauvaise saison, ils résidaient à poste fixe en certains endroits. C'était naturellement dans les localités dont l'emplacement répondait le mieux, par la facilité des communications, aux nécessités du commerce, qu'ils se groupaient en grand nombre. Au IXe siècle, le long du Rhin, à Worms et surtout à Mayence, sur la Meuse, à Verdun et à Maestricht, existent des colonies de marchands plus ou moins importantes. Au Xe siècle, malgré la misère de l'époque, ces colonies n'ont pas disparu. Certaines villes portent dans les sources le nom d'*emporium*. On peut supposer que, dans un grand nombre d'entre elles, existait comme à Verdun un *negotiatorum claustrum*, une enceinte fortifiée derrière laquelle les marchands trouvaient un abri contre les pillards du dehors. À mesure que la tranquillité se rétablit, que le nombre des marchands augmente, ces agglomérations deviennent plus nombreuses et plus importantes. Partout où les conditions sont favorables, une *urbs nova*, un *suburbium*, un faubourg commercial, se forme à côté du château et des immunités dont l'ensemble constitue la ville de l'âge agricole. Et, ce qui prouve bien que ce faubourg, point de départ de la ville nouvelle, a une population marchande, c'est la synonymie, dans la langue du temps, des mots *mercator* et *burgensis*. Ainsi, c'est de marchands que se compose la bourgeoisie primitive. Elle ne provient pas de ces *servientes*, de ces *milites*, de ces *ministeriales* fixés depuis des siècles autour des cathédrales et des abbayes ; il n'en faut pas non plus chercher l'origine dans ces *censuales* qui, dans nombre d'anciennes cités, se trouvent placés sous le pouvoir des fonctionnaires publics ou des avoués. Elle constitue essentiellement et avant tout une classe sociale Elle se compose d'*advenae* libres ou non libres, d'hommes qui, abandonnant le travail de la terre, viennent de plus en plus nombreux demander au commerce et à l'industrie de nouveaux moyens d'existence. La condition juridique qu'elle a fini par obtenir n'est que la conséquence nécessaire du genre de vie qu'elle menait. De même que le métier militaire a fait de l'homme d'armes un noble et que presque partout la culture du sol a fait du paysan un serf, de même l'exercice du commerce va faire du marchand un bourgeois.

Il s'en faut de beaucoup que les colonies marchandes dans les villes se soient établies suivant un plan préconçu. Le XIᵉ siècle n'est pas encore l'époque des villes neuves. C'est seulement cent ans plus tard que l'on verra les seigneurs créer des villes de toutes pièces et y appeler la population par des avantages et des privilèges de toute sorte. Au début, il n'existe rien de semblable. On ne peut assez répéter que les marchands viennent se fixer naturellement, sans aucune pression extérieure, aux endroits qui, par une situation privilégiée, se trouvent réunir l'ensemble des conditions nécessaires à un centre commercial. On observe en Flandre, mieux que partout ailleurs, cet intéressant phénomène. Toutes les villes anciennes s'y forment au bord des eaux et portent le nom caractéristique de *portus*, c'est-à-dire de débarcadères. Ainsi, à l'origine, la vie urbaine ne nous apparaît pas partout à la fois. Ses premiers foyers sont en nombre restreint, mais ils n'en sont que plus actifs. En dépit de la rareté des renseignements, on observe dans certaines villes un accroissement très rapide de la population et de la richesse. Au XIe siècle, Lambert de Hersfeld mentionne à Cologne 600 marchands très riches, et les *Gesta episcoporum Cameracensium* vantent, à la même époque, la prospérité de Cambrai. On peut affirmer, semble-t-il, que, dès avant la première croisade, la vie commerciale l'emporte déjà de beaucoup, dans certaines localités, sur la vie agricole.

Nous n'avons malheureusement presque aucun détail sur la manière dont les marchands se sont fixés dans les villes. Il est possible toutefois de reconstituer certaines particularités de leur genre de colonisation. Tout d'abord, on remarque que partout le *suburbium*, l'*urbs nova*, se bâtit sous les murs du *castrum* primitif. C'est là que l'on rencontre le marché, le *forum*, autour duquel se groupent les maisons et les hangars des immigrants. Nous avons déjà vu plus haut que, dans certains cas, l'agglomération marchande est entourée d'une muraille. De très bonne heure, cette agglomération est assez importante pour avoir son église spéciale. Au XIe siècle, il existe dans plusieurs localités une *ecclesia mercatorum*. Naturellement, le sol sur lequel se bâtit le *suburbium* se trouve, suivant les localités, dans les conditions les plus variées. Il peut faire partie d'une immunité ou d'un grand domaine ou bien encore relever directement d'un comte ou d'un vicomte. Il arrive même qu'il comprend des terres soumises à des droits différents et ressortissant à des juridictions distinctes. Rien n'a encore été fixé à cet égard. Tandis que le droit domanial pèse de tout son poids sur certaines tenures, d'autres, plus favorablement situées, ne sont soumises qu'à un cens héréditaire. La multiplicité des seigneuries et des *districts*, que nous avons constatée plus haut en étudiant les villes de l'âge agricole, exerce ici son influence. La notion de la libre tenure urbaine ne se dégagera qu'à la longue. Elle fait complètement défaut à l'origine. La première prise de possession du sol par les marchands s'est effectuée, dans les villes anciennes, suivant les formes de l'ancien droit.

Si la plus grande variété règne, au début, dans la condition des terres du faubourg commercial, il en est de même dans la condition de ses habitants. Sous le nom générique de marchand, de *mercator*, on comprend en effet, dans la langue de l'époque, des hommes vivant dans des situations très différentes. On applique ce mot à toute personne faisant profession de vendre et d'acheter, de sorte que l'artisan et le colporteur sont des marchands au même titre que le négociant en gros. La langue du temps ne fait pas de différence entre le propriétaire de bateaux qui navigue sur les eaux du Rhin, de la Seine ou de l'Escaut, avec de lourdes cargaisons de blés ou de vins, et l'humble porte-balle qui, conduisant un âne chargé de sa pacotille, va débiter ses denrées de *villa* en *villa*. Incontestablement, dès le XIe siècle, la population commerçante des villes présente de violents contrastes. De grandes fortunes s'y sont constituées ; on y trouve de riches parvenus qui donnent leurs filles en mariage à des chevaliers. Il se forme tout de suite une classe de *meliores*, de *divites*, ancêtres du patriciat urbain. À côté de ces privilégiés du sort, la masse des immigrants se compose d'artisans ou de petits commerçants qui tiennent un étal sur le marché ou exposent en vente leurs marchandises au rebord de leurs fenêtres.

Les marchands ne diffèrent pas moins entre eux au point de vue juridique qu'au point de vue social. La ville, en effet, est une colonie, et c'est un caractère commun à toutes les colonies que leur population consiste en un assemblage d'éléments hétérogènes. Les hommes qui sont venus y chercher un nouveau genre de vie appartiennent, par la naissance, aux conditions les plus diverses. Ce sont des hommes de corps, des serfs de la glèbe, des fiscalins, des *censuales*. On rencontre même des clercs parmi eux.

Mais l'identité du genre de vie, l'exercice continuel de la même profession effacera, à la longue, toutes ces nuances. La fonction sociale fera nécessairement disparaître les diversités d'origine, et il n'y aura plus bientôt qu'un seul droit pour tous les marchands.

Une chose a singulièrement hâté l'achèvement de cette évolution. Rappelons-nous que, dès l'époque carolingienne, les marchands se trouvent placés sous la protection des pouvoirs publics. Où qu'ils aillent, leur sécurité est garantie par le roi ou par les détenteurs des droits régaliens. Aux marchés qu'ils fréquentent, ce n'est pas au *judex privatus*, c'est au *judex publicus* qu'ils ont à répondre. En sera-t-il autrement dans la ville et ces hommes perdront-ils, chez eux, le privilège dont ils jouissent au dehors ? Il faut répondre négativement à cette question. Dans la ville, comme en dehors de la ville, le marchand, en tant que marchand, relève directement du pouvoir public. Sans doute, il n'échappe pas complètement aux juridictions privées. Une partie de sa personne et de ses biens est encore plus ou moins engagée dans le droit domanial. La terre sur laquelle il a élevé sa maison dépend souvent de la cour de tel monastère ou de tel seigneur. Lui-même peut être serf d'origine, appartenir à quelque *familia* voisine, du tribunal de laquelle il est justiciable. Mais ce ne sont là que des vestiges d'un état de choses ancien qui disparaîtront à la longue. L'essentiel, c'est que le marchand, en vertu de son caractère propre et par l'exercice même de sa profession, se trouve, dans la ville comme hors de la ville, ressortir à la juridiction publique.

La ville, en effet, comme nous l'avons vu plus haut, si elle n'est pas nécessairement un marché, est du moins partout et toujours une place de commerce. Les marchandises y affluent de toutes parts ; elle est un port, un débarcadère, une étape, un entrepôt (*emporium*). Naturellement, des droits de douane y sont perçus ; le tonlieu y fonctionne en permanence, prélevant sur la vente, l'achat ou le simple passage des denrées, des taxes de toutes sortes. Or, le tonlieu est un droit régalien ; il fait partie du *comitatus* et partout il appartient au seigneur haut-justicier, au comte ou au remplaçant du comte. Il en va de même de son corollaire indispensable : la juridiction en matière de poids et mesures. Elle aussi, à l'origine, est une justice comtale. Par là, inévitablement, tout acte de commerce dans la ville, quel qu'il soit et où qu'il s'accomplisse, ressortit à la juridiction publique. Partant, le commerçant, le marchand, acheteur et vendeur perpétuel, dans l'exercice ordinaire de son activité économique, se trouve exempté des tribunaux privés. On prend même des précautions minutieuses pour empêcher ceux-ci d'intervenir dans les opérations commerciales. Il est défendu de vendre ou d'acheter dans les cloîtres et les immunités. Surtout, on prend bien garde que les clercs marchands, nombreux déjà au XIe siècle, ne puissent, en se prévalant de leurs privilèges et du for ecclésiastique, échapper au droit commun. De très bonne heure, ils sont soumis à la *forensis potestas* s'ils veulent exercer le commerce.

Il est une autre cause encore qui a contribué puissamment à placer les marchands sous la juridiction publique. La plupart d'entre eux sont des étrangers, des *advenae*, des *coloni*, des *épaves*. Beaucoup sont des serfs fugitifs qui sont venus chercher dans la ville un nouveau genre de vie. De qui relèveront ces hommes nouveaux dont personne, bien souvent, ne connaît la patrie ou la condition primitive ? Les juridictions patrimoniales, fondées sur le droit de propriété, seront évidemment incompétentes pour les juger, puisque, en fait, ils n'appartiennent plus à personne. Un seul pouvoir pourra donc revendiquer ces hommes sans maîtres, et ce sera le pouvoir public. Ce n'est que dans le seul cas où l'identité de l'immigrant est connue que, comme nous l'avons vu plus haut, il échappera en partie à la *forensis potestas*.

On le voit donc, la bourgeoisie marchande, quelles que graves et nombreuses que soient les différences de condition sociale et de condition juridique qu'on y

73

observe, présente pourtant, dès le début, un caractère commun. Tous ses membres nous apparaissent plus ou moins complètement affranchis de la juridiction privée et plus ou moins complètement soumis à la juridiction publique.

Ne croyons pas, toutefois, que celte situation s'explique par des considérations de haute politique. Rien ne nous permet de supposer qu'à l'origine, les seigneurs haut-justiciers se soient préoccupés de réglementer dans les villes la situation des marchands. Les droits de tonlieu qu'ils exigent d'eux sont au plus haut point vexatoires et oppressifs. Ils sont restés, au XIe siècle, ce qu'ils étaient cent ans plus tôt et ne se sont pas encore adaptés aux nécessités nouvelles d'une époque de commerce et d'industrie. Comme il arrive presque toujours, le développement économique a devancé le développement des institutions, et partant, celles-ci n'apparaissent plus aux hommes que sous un aspect inique et odieux. Il a dû en être ainsi tout particulièrement du tonlieu. Il a perdu, en effet, le seul caractère qui rend l'impôt supportable : il a cessé d'être utile. Le justicier ne donne rien en retour des taxes qu'il perçoit. Il n'est tenu de maintenir en bon état ni les routes, ni les ponts, ni les quais. Le prélèvement qu'il opère sur la valeur des marchandises est donc absolument stérile et, par surcroît, le mode de perception en est d'habitude maladroit et brutal. Ajoutons enfin que cet impôt dégénéré ne frappe pas tout le monde. Dans certaines villes, en vertu de privilèges spéciaux, des groupes entiers de personnes en sont exemptés. À Arras, par exemple, il n'atteint pas les membres de la *familia*, et l'on voit les marchands, pour y échapper, tenter de se faire passer pour serfs de Saint-Vaast.

Les justices auxquelles les marchands sont soumis ne constituent donc qu'un instrument d'exploitation fiscale. Contre l'exaction seigneuriale, ils ne possèdent nul moyen de défense. Étrangers pour la plupart, ils n'ont pas, comme les habitants des immunités, un seigneur qui soit leur protecteur naturel. D'autre part, en leur qualité d'immigrants, ils se voient privés également des secours que la famille, si puissante encore à cette époque, doit à chacun de ses membres. Dès lors, l'association est pour eux une nécessité primordiale. Elle leur tient lieu de l'appui que d'autres trouvent dans leur maître ou dans leurs parents.

La gilde est la forme la plus intéressante de l'association marchande, mais elle n'en est pas la seule forme. On ne la rencontre ni dans l'Allemagne du Sud, ni dans la plupart des villes françaises. Mais, là où elle manque, elle est remplacée par des groupements analogues. Il est impossible, en effet, que dans cette société du moyen âge où foisonnent corporations et confréries, les seuls marchands aient échappé à la règle générale. Non seulement, en leur qualité d'étrangers et d'immigrés, ils devaient chercher à sortir de leur isolement, mais l'association leur était encore imposée par la manière dont se pratiquait le commerce de l'époque. Ce commerce est un commerce de caravanes. Les marchands des premiers temps du moyen âge ne voyageaient qu'en troupes. De nombreux textes nous apprennent que, du VIIIe au XIIe siècle, cette pratique a été constamment observée.

Or, une caravane ne peut se passer d'une certaine discipline et de certaines règles. Elle doit se donner des chefs. Ses membres contractent, vis-à-vis les uns des autres, des engagements solennels. Se protéger mutuellement en cas de danger, résister ensemble aux pillards que l'on rencontre embusqués le long des grandes routes, ce n'est pas tout. Il faut qu'en toute occurrence le compagnon puisse compter sur l'appui matériel ou moral de ses compagnons. Que son chariot vienne à se briser en traversant des fondrières, qu'entraînée par le courant sa barque s'enlise sur un bas-fond, qu'il soit cité en justice et ait besoin de cojurateurs, que dans une ville étrangère il tombe malade, bref, dans les mille incidents qui peuvent surgir au sein de sa vie errante, le marchand ne fait pas en vain appel à ses frères. Naturellement aussi il n'est pas exposé pendant les foires, lors de ses transactions commerciales, à les voir se liguer contre lui pour lui enlever ses clients ou l'empêcher de réaliser une affaire avantageuse.

Salutaire au dehors, l'association ne l'est pas moins au dedans. Rentrés chez eux, les marchands ne rejettent pas les obligations qu'ils ont volontairement contractées pendant leurs courses lointaines. L'identité du genre de vie et des intérêts continue à les maintenir unis et solidaires les uns des autres.

Dès le XIe siècle au plus tard, il existe des associations permanentes de *mercatores*. La reconnaissance officielle de la gilde de Saint-Omer par le châtelain Wulfric Rabel (1072-1083) n'est certainement pas un fait isolé. Le groupement des marchands est un phénomène si naturel, dans un état social organisé comme celui du moyen âge, que l'on ne doit pas craindre de se tromper en affirmant qu'il s'est effectué partout et de très bonne heure.

L'association marchande est, par nature, une association volontaire. Nul ne peut être contraint d'en faire partie, et elle diffère essentiellement par là des futures corporations de métiers. Il est évident toutefois que cette association, gilde, hanse ou confrérie, a dû comprendre, au début, la plupart des *mercatores* de la ville, c'est-à-dire tous ceux des habitants vivant de vente et d'achat. Refuser d'y entrer, c'eût été se mettre dans un état d'infériorité manifeste et renoncer de gaîté de cœur à de précieux avantages. Les statuts de la gilde de Saint-Omer disent que le marchand qui refusera de faire partie de la corporation ne pourra réclamer d'elle nul secours, soit en cas de vol ou de perte de ses biens, soit en cas de provocation à un duel judiciaire. Plus loin, le même texte déclare qu'il est loisible aux membres de la gilde d'acheter une marchandise, même après que le vendeur en a fixé le prix avec un tiers, pourvu que ce tiers soit étranger à la gilde. D'ailleurs, si la gilde avait eu dès l'origine un caractère aristocratique et exclusif, on en trouverait trace dans les sources. Or, on n'y constate rien de semblable. Dans le statut de Saint-Omer, les exclusions visent les clercs, les chevaliers et les marchands étrangers. Quant au marchand indigène, loin qu'on tente de le repousser, il semble même qu'au contraire, on cherche tous les moyens de le faire entrer dans la gilde.

Ainsi, tous les *mercatores*, négociants en gros, colporteurs ou simples artisans, forment à l'origine une vaste association. Cette association a sa vie propre et apparaît très anciennement comme une véritable personne morale. Elle a ses doyens, son notaire, ses *custodes*. Elle possède un local commun, la Gildehalle, dans lequel ses membres se réunissent tous les soirs pour boire en compagnie et pour délibérer sur leurs intérêts. Pendant ces assemblées, qui portent le nom caractéristique de *potationes*, les chefs de la corporation sont revêtus de pouvoirs disciplinaires. Ils prononcent des amendes, dont le produit, joint aux cotisations payées par les frères, alimente la caisse de la société.

Il est hautement intéressant de constater que cette caisse ne sert déjà plus exclusivement à couvrir les dépenses de la corporation. Les sommes qui y sont déposées sont affectées en partie à des travaux d'utilité publique, à la construction des remparts du bourg, au bon entretien des rues et des places. À cette époque, qui est vraiment l'âge héroïque des bourgeoisies, les marchands suppléent volontairement à l'inaction des pouvoirs publics et de la vieille administration féodale figée dans la routine et incapable de se modifier au gré des besoins nouveaux d'une vie nouvelle.

Quelle qu'ait été l'importance des sociétés marchandes dans les villes, il convient pourtant de ne pas l'exagérer. La gilde a pu aider beaucoup au développement des institutions communales. Ce n'est pas elle qui les a créées. Les doyens, chefs élus d'une corporation autonome, ne se sont pas transformés en magistrats municipaux, et le droit urbain n'est pas en germe dans les règlements que l'on établissait aux assemblées de la Gildehalle. La gilde est simplement une association volontaire. Elle n'a aucune attribution publique. Elle n'existe que du libre consentement de ses membres.

D'ailleurs, son caractère primitif n'a pas tardé à s'altérer. Si, à l'origine, elle comprenait tous les *mercatores*, on la voit se fermer peu à peu aux petites gens et finalement arriver à n'être plus autre chose qu'une compagnie de grands marchands. À Saint-Omer, au XIIIe siècle, elle est devenue une sorte de syndicat de capitalistes. Bien plus, elle ne comprend plus même tous les grands négociants de la ville, mais seulement une partie d'entre eux, ceux qui trafiquent en Angleterre. Il en est de même dans les autres villes flamandes, dont les gildes fédérées sous le nom de *Hanse de Londres* se réservent soigneusement le monopole du commerce avec la Grande-Bretagne.

Les causes de cette aristocratisation des gildes ne semblent pas difficiles à découvrir. Tout d'abord, la division du travail a fini par détacher du groupe des *mercatores* l'artisan proprement dit. Du jour où celui-ci, absorbé tout entier par l'industrie, cesse de vendre lui-même les produits de son labeur, il n'a plus d'intérêt à faire partie de la gilde. De lui-même, il s'en retire ; on n'a pas besoin de l'en expulser.

D'autre part, à partir du XIIe siècle, les gildes reçoivent en grand nombre des privilèges commerciaux. Or, le privilège conduit fatalement à l'exclusivisme. En France comme en Allemagne, la même cause produit le même effet. En vertu d'une évolution identique, dans les deux pays, l'égalité primitive fait place au protectionnisme et au monopole. Le même esprit anime les *marchands de l'eau* de Paris et de Rouen et les *Gewandschneider* de Magdebourg et de Brunswick. À Bayonne comme à Cologne, la vente du vin est un droit réservé aux seuls patriciens. Dès lors, les gildes et les hanses acquièrent fréquemment une juridiction plus ou moins complète en matière économique. Elles dominent, dans beaucoup de villes, le marché local. Elles exercent un contrôle perpétuel sur certaines industries. La grande industrie particulièrement, c'est-à-dire, au moyen âge, l'industrie textile, est placée sous leur surveillance. Tisserands et foulons travaillent la laine que leur distribuent les grands marchands. Simples salariés au service des capitalistes, leur activité sera désormais nécessairement réglée par ceux-ci. Nulle part ce nouvel état de choses ne s'est manifesté plus clairement et plus logiquement que dans les grandes villes industrielles du Brabant, à Bruxelles, à Malines et à Louvain. Là, tous les métiers de la laine sont étroitement subordonnés à la gilde, à laquelle le conseil abandonne le droit de faire tous les règlements relatifs à la vente et à la fabrication du drap. Mais cette réglementation n'est pas un fait primitif. Elle n'est que la conséquence du privilège et de la division du travail qui a opéré, à la longue, le divorce de l'industrie et du commerce. Elle n'existait pas à l'origine. On n'en trouve nulle trace dans les plus anciens statuts de gildes que nous avons conservés : il n'est question, dans ces textes, que de protection et de défense mutuelles. Encore une fois, ce qui fait le caractère essentiel de la gilde primitive, c'est qu'elle est une corporation volontaire de *mercatores*. En droit, son influence sur le développement des institutions municipales a été nulle. En fait, au contraire, cette influence a été considérable. L'association a donné aux marchands la force dont ils avaient besoin pour transformer à leur avantage la civilisation de l'époque et pour créer les villes. Elle leur a servi d'instrument d'affranchissement et de progrès. Mais ce serait une erreur de la considérer comme le moule dans lequel ont été coulées les constitutions urbaines.

Nous nous en apercevrons bien vite, si nous étudions un fait d'une importance considérable et dont il est temps de dire un mot : l'élaboration d'un *jus mercatorum*, d'un droit commun des marchands. Ce droit, qu'il faut considérer, ainsi qu'on essayera de le démontrer plus loin, comme une des sources du droit urbain, ne provient pas de la gilde. Elle a pu aider à le répandre et à le maintenir, mais elle ne l'a pas créé.

Les premiers documents qui parlent d'un droit propre aux marchands datent du XIe siècle. Ils en parlent comme d'une chose déjà ancienne, existant depuis des temps reculés (*ab antiquis temporibus*). Malheureusement, ils ne disent pas en quoi ce droit consistait. Ils se bornent à mentionner les *judicia mercatoribus concessa*, sans nous apprendre ce qu'il faut entendre par là. Par bonheur, il n'est pas très difficile de le deviner. Il est clair en effet que, du jour où l'activité économique s'est réveillée en Europe, il a dû naturellement se former une sorte de *coutume des marchands*. Comme depuis la fin de l'époque carolingienne il n'y avait plus de lois écrites, les tribunaux, libres des freins qu'eût pu leur imposer un système de lois codifiées, ont sans doute, peu à peu, élaboré une jurisprudence nouvelle en matière commerciale. Le vieux droit, approprié aux besoins d'une civilisation tout agricole, s'est transformé à mesure qu'il a eu à trancher de nouvelles questions inconnues jusque-là. Les modes traditionnels du prêt, du gage, de la saisie ne suffisaient plus. La procédure formaliste et compliquée, avec ses délais et ses lenteurs, a dû faire place à une procédure plus simple et plus expéditive, quand il s'est agi de terminer des contestations dans lesquelles des marchands, êtres errants et mobiles, étaient impliqués. Des diplômes nous parlent de la juridiction propre aux négociants de Constance, de Worms, de Bâle, etc... Fribourg-en-Brisgau est fondé suivant le droit des marchands de Cologne. Beaumanoir mentionne d'anciens usages juridiques en matière de gage et de caution. Si on lit les chartes urbaines du XIIᵉ siècle, on y apercevra clairement des vestiges de ce *jus mercatorum* primitif. On ne peut expliquer, en effet, qu'en admettant des emprunts faits à la coutume commerciale, l'introduction dans le texte de ces chartes, aussi bien en France qu'en Allemagne, d'articles instituant en faveur des marchands des règles de droit plus équitables et plus simples. Il résulte en outre de cette dernière observation que, dans ses traits essentiels, le *jus mercatorum* constitue un droit absolument général ou, si l'on veut, international. Il s'est développé partout où il existait des *mercatores*. Il n'a pas sa source dans une législation nationale ; il n'appartient pas en propre à tel ou tel pays : ses origines sont purement économiques.

Ainsi s'est formé de très bonne heure, à côté et au-dessus du droit national et traditionnel, un droit nouveau et supplémentaire. Il s'est créé, en faveur des marchands, une coutume personnelle. Lentement, cette coutume va se fixer, se préciser, s'enrichir. Continuellement elle gagnera du terrain, jusqu'au jour où elle deviendra partie intégrante des libertés urbaines.

III. — Si les marchands agglomérés autour des *castra* ont acquis, au cours du XIᵉ siècle, un certain nombre de caractères propres qui, de plus en plus, les distinguent du gros de la population, ils sont pourtant bien loin encore de former une commune. En réalité, il n'y a pas plus de villes alors, dans le sens juridique du mot, qu'il n'y en avait à l'époque carolingienne. Territorialement, le sol urbain est toujours réparti en districts distincts, relevant en partie du droit domanial, en partie du droit public. La population continue à former des groupes indépendants les uns des autres : *servientes* ecclésiastiques, *milites*, *ministeriales*, *censuales*, *dayescalci*, etc. À côté de ces groupes plus anciens, un groupe nouveau s'est formé, celui des *mercatores*, avec des tendances et des besoins nouveaux qui transformeront, à la longue, la condition des hommes et des terres et, à la place du morcellement primitif, mettront la forte et solide unité de la commune et du droit municipal.

Il importe de rechercher maintenant comment s'est formé ce droit municipal. C'est un fait bien connu qu'il n'a pas été créé de toutes pièces par les chartes octroyées aux villes, qu'il est plus vieux qu'elles, et qu'il y faut voir le produit d'une lente évolution. De cette évolution il est possible, semble-t-il, de marquer les étapes principales et de montrer comment, sous l'action de causes partout les mêmes, s'accomplit partout un développement identique.

Le *jus mercatorum*, nous l'avons vu, est le droit d'un groupe d'hommes. C'est une coutume personnelle, applicable à tous les marchands, où qu'ils soient et où qu'ils habitent, dans les villes ou en dehors des villes. À ce point de vue, par conséquent, ce droit n'a rien d'urbain. Il n'est pas fixé au sol de la ville. Toutefois, et de très bonne heure, il commence à s'incorporer à lui. La synonymie qui s'établit entre les mots *mercator* et *burgensis* est une preuve évidente de ce grand fait. Les plus anciens exemples de cette synonymie remontant au début du XIe siècle, on peut conclure de là que, dès cette époque, le *jus mercatorum* a revêtu un caractère local, que, de la personne des marchands, il tend à se transporter à la terre qu'ils habitent.

Comment cette transformation s'est-elle faite ? Comment, peu à peu, le droit des marchands est-il devenu le droit des bourgeois ?

Rappelons-nous tout d'abord ce que nous avons dit de la condition des marchands dans la ville. En tant que marchands, ils sont placés sous la juridiction publique, mais bon nombre d'entre eux, en vertu de leur qualité originaire de non-libres, continuent à relever, en même temps, des juridictions domaniales. Les serfs qui, abandonnant le plat pays, viennent se fixer dans la ville pour y vivre de l'exercice du commerce, sont exposés à tout moment à se voir revendiquer par leur seigneur et réincorporer à la *familia* qu'ils ont quittée. Du reste, même si l'immigré est libre de naissance ou passe pour l'être, la femme qu'il a épousée dans la ville peut être de condition servile, une *ancilla*. Dès lors, ses enfants relèveront du seigneur à qui leur mère appartient. Un pouvoir étranger et par là odieux aura donc prise sur la famille. Le meilleur-catel, la mortemain, le *buteil*, tous ces prolongements du droit de propriété de l'homme sur l'homme, produits d'une civilisation purement agricole, sont incompatibles avec la vie nouvelle. De gré ou de force, il faut qu'ils disparaissent. La personne du marchand doit être libre et libre aussi sa famille. La résistance des féodaux, quelque énergique qu'elle soit, sera brisée. Dès le XIIᵉ siècle, il est de règle que l'habitation d'an et jour dans la ville donne la liberté. Sans doute, à l'origine, cette liberté est encore entourée de restrictions de toutes sortes. Le seigneur ne l'autorise pas pour les hommes de ses domaines, auxquels il défend de s'établir dans la ville. De plus, il subsiste toujours dans celle-ci des enclaves, des immunités où le vieux droit reste en vigueur. Mais, en principe, la cause est gagnée. La condition normale du bourgeois est désormais celle de l'homme libre. Son serment vaut en justice, dit la charte de Liège, autant que celui du *liber homo*. Sous la poussée de besoins nouveaux le vieux droit a fléchi, et la ville, au milieu du plat pays, apparaît maintenant comme une franchise.

Il faut bien remarquer d'ailleurs que la liberté n'a pas été recherchée pour elle-même par les bourgeois. Gardons-nous d'introduire en cette matière des idées modernes. Ce n'est pas au nom de la dignité humaine qu'elle a été revendiquée. Nous avons vu, à Arras, les marchands se faire passer pour serfs de Saint-Vaast afin de jouir de l'exemption des droits de tonlieu. La liberté pour les habitants de la ville n'est pas un but, mais une conséquence. Et c'est seulement parce que la vie marchande ne peut exister et se développer dans la servitude qu'ils ont voulu être libres.

Avec la liberté personnelle va de pair, dans la ville, la liberté du sol. La terre est, en effet, la base du crédit, le capital par excellence ; en elle consiste encore la plus grande partie de la fortune. Dans une agglomération de marchands, elle ne peut donc rester immobile, engourdie en quelque sorte, surchargée qu'elle est de ces droits féodaux si lourds et si variés : droits de mutation, lods et ventes, dîmes, *gaule*, fouage, etc., qui, en la tenant dans la dépendance étroite du sire du tréfonds, l'empêchent d'entrer dans le commerce et d'acquérir une valeur marchande. Il en est de même des restrictions que la coutume, en faveur de la famille, apporte à la libre disposition des immeubles et particulièrement du retrait lignager. À ces *impedimenta* ajoutez enfin ceux qui proviennent de l'extrême complexité des régimes auxquels sont soumis les fonds urbains, les usages locaux, les diverses justices, les prestations de toute nature qui pèsent sur eux d'un poids plus ou moins lourd, suivant qu'ils appartiennent à telle seigneurie, à telle immunité, à telle cour domaniale.

Tout cela doit faire place à un régime nouveau, et, ici encore, le droit finira par s'adapter aux conditions du milieu urbain. Aussi nécessairement qu'à la fin de la période mérovingienne le grand domaine, malgré les efforts de l'État, absorbe la petite propriété, aussi nécessairement, en ville, la terre s'arrache aux liens du droit domanial ou à l'empire de la vieille coutume. Elle s'en arrache, non seulement parce qu'elle devient un objet de vente et d'achat, mais encore parce qu'elle change de nature. Le sol de la ville, en effet, n'est pas, comme dans le plat pays, un sol cultivé ou cultivable, c'est un terrain bâti ou à bâtir. Or, il est inévitable que le propriétaire d'une maison acquière, à la longue, la propriété du fonds sur lequel elle est construite. Partout, la vieille terre domaniale se transforme en propriété censale, en alleu censal. Ainsi, la tenure urbaine devient une tenure libre. En France et en Allemagne elle présente les mêmes caractères. Elle n'entraîne plus aucune sujétion personnelle du preneur vis-à-vis du bailleur. Elle est librement transmissible, librement aliénable.

C'est naturellement sur les parties du sol dépendant à l'origine du pouvoir public que la tenure libre a dû apparaître tout d'abord. Mais de là elle se répand de proche en proche. À Étampes, on la voit s'appliquer aux *octaves*, terres primitivement serviles. À Arras, le monastère de Saint-Vaast divise son verger en lots qu'il donne à cens aux bourgeois. À Reims, les archevêques répartissent de même des parties considérables de leur domaine. Par suite de l'immigration continuelle, de l'augmentation constante de la population, les terrains à bâtir sont de plus en plus demandés. Depuis le commencement du XIIe siècle, la *mansionaria terra* ne cesse d'augmenter au détriment des immunités.

Il est rare que les seigneurs aient abandonné le sol en toute propriété aux immigrants. Habituellement, ils se réservent sur chaque tenure un cens récognitif de leur *dominium*. Mais ce cens est partout des plus modiques. À Fribourg-en-Brisgau, les *areae* distribuées aux marchands ne doivent qu'un sou par an au duc de Zaehringen. En Champagne, les maisons ne paient, en général, que six deniers. Par-dessus ce cens primitif, le tenancier peut, à son gré, constituer des cens nouveaux (surcens, crois de cens, gros cens, etc.) ou des rentes foncières. Le cens seigneurial est invariable et imprescriptible ; il ne correspond nullement à la valeur du sol ; il n'est que le signe auquel se reconnaît le domaine direct, la propriété éminente et théorique. Les cens postérieurs, au contraire, sont de nature économique. Ils proviennent de conventions libres entre deux parties. Ils circulent de main en main, s'achètent, se vendent, se transmettent de toute manière. Ils sont par excellence les instruments de crédit de l'époque. En vendant un cens sur sa maison, le marchand se procure le capital liquide dont il a besoin pour ses affaires. En achetant, de ses bénéfices, un cens sur l'immeuble d'autrui, il s'assure un revenu proportionné à la somme dépensée ; il fait, comme on dirait aujourd'hui, un placement d'argent à intérêt. Comparée aux anciennes tenures féodales, la tenure suivant la *consuetudo fori*, la tenure en *Weichbild*, en *Burgrecht*, comme on dit en Allemagne, en *bourgage*, comme on dit en France, présente donc une originalité bien marquée. Placé dans des conditions économiques nouvelles, le sol urbain a fini par acquérir un droit nouveau approprié à sa nature.

La propriété libre, comme l'homme libre, ressortit nécessairement à la juridiction publique. Au XIIIe siècle, il est de règle que les œuvres de loi relatives aux fonds de terre doivent s'effectuer devant l'échevinage. Sans doute, les cours foncières des seigneurs ne disparaissent pas, mais, pour donner pleine valeur aux actes qui ont été passés devant elles, pour les rendre exécutoires, il faut les faire enregistrer par l'échevinage ou par le conseil. D'ailleurs, à mesure qu'on avance dans le moyen âge, on observe que les villes rachètent les cours foncières, toutes les vieilles juridictions spéciales. Tous les fonds urbains, quelle qu'ait été leur nature primitive, quel que soit leur propriétaire actuel, relèvent donc de plus en plus complètement du tribunal communal. Seules les terres de mainmorte, bâtiments conventuels, *aîtres* d'églises, maisons claustrales, lui échappent. Mais partout on voit les bourgeois prendre des mesures pour empêcher l'extension de ces biens de mainmorte. De très bonne heure on stipule qu'en cas d'achat d'un fonds de terre par un établissement ecclésiastique, ce fonds continuera à relever du droit commun. On oblige les églises à revendre les immeubles qui leur ont été légués. Parfois même on va jusqu'à leur interdire formellement d'en acquérir.

Mais ce n'est pas tout. Le droit urbain n'a pas supprimé seulement la servitude personnelle et la servitude foncière, il a fait disparaître aussi les droits seigneuriaux, les justices fiscales qui frappaient directement l'exercice du commerce et de l'industrie. Nous avons vu plus haut que si, en théorie, le tonlieu est un impôt public, en fait, cependant, il a pris le caractère d'une *exaction*. N'ayant plus aucun effet utile, il ne peut être envisagé par le contribuable que comme un moyen pour le seigneur d'augmenter ses revenus par l'exploitation du commerce. Lorsque, au lieu d'être perçu directement au nom du justicier, il est donné en fief à quelque chevalier ou à quelqu'abbaye, il n'en devient que plus odieux. Ajoutons à cela qu'il entraîne, en général, en cas d'infraction, l'amende de soixante sous, et qu'ainsi le droit met ses châtiments les plus sévères au service d'un impôt oppressif et vexatoire.

Rien d'étonnant, dans ces conditions, de voir les bourgeois chercher à s'en affranchir. Le chroniqueur Galbert nous montre que c'est là, en Flandre, une de leurs principales préoccupations. C'est parce que le prétendant Guillaume de Normandie ne tient pas sa promesse de le leur abandonner qu'ils se soulèvent et appellent Thierry d'Alsace. Au cours du XIIe siècle, partout, de gré ou de force, le tonlieu se modifie. Ici, il est racheté moyennant une rente annuelle ; ailleurs, ses modes de perception sont transformés. Presque toujours, plus ou moins complètement, il est placé sous la surveillance et sous la juridiction de la ville. Cela revient à dire que celle-ci hérite du droit de police sur le commerce et l'industrie locale, ainsi que de la juridiction en matière des poids et mesures, qui, comme appendices du tonlieu, avaient jusque-là appartenu au justicier. Désormais, c'est elle qui nomme les *thelonearii*, les rewards, les jurés, les vinders, la foule des inspecteurs et des contrôleurs de l'activité économique. Les *ministeriales*, auxquels le soin de percevoir le tonlieu et d'en exercer la juridiction avait été confié jadis, disparaissent de la ville. En même temps, les amendes seigneuriales sont diminuées : de soixante sous elles tombent ordinairement à cinq ou à sept sous.

Si le tonlieu n'a pas disparu, mais s'est transformé en passant aux mains du conseil, il en est autrement d'autres justices qui, incompatibles avec la libre expansion de la vie urbaine, étaient irrémédiablement condamnées à disparaître. Je veux parler ici de ces traces que l'âge agricole a laissées sur la physionomie de la ville : fours et moulins banaux, auxquels le seigneur oblige les habitants à moudre leur blé et à cuire leur pain ; monopoles de toutes espèces, en vertu desquels il a le privilège exclusif de vendre à certaines époques le vin de ses vignobles ou la viande de ses bestiaux ; droit de gîte, qui impose aux bourgeois le devoir de lui fournir le logement et la subsistance lors de ses séjours dans la ville ; droit de réquisition, par lequel il affecte à son service les bateaux ou les chevaux des habitants ; coutumes de toute sorte et de toute origine, devenues oppressives et vexatoires, comme celle qui interdit l'établissement de ponts sur les cours d'eau, ou qui frappe de taxes les façades des maisons. De tout cela, au XIIIe siècle, il ne reste presque plus que le souvenir. Les seigneurs, après avoir essayé de la résistance, ont fini par céder. Ils ont compris, à la longue, que leur intérêt bien entendu leur commandait, non d'entraver le développement des villes pour se conserver quelques maigres revenus, mais de le favoriser en supprimant devant lui les entraves gênantes. Ils arrivent, tôt ou tard, à se rendre compte de l'antinomie de ces vieilles prestations avec l'état de choses nouveau, et on les entend parfois les qualifier eux-mêmes de rapines et d'exactions.

Comme la condition des personnes, le régime des terres et le système fiscal, le fonds même du droit se transforme dans les villes. La procédure compliquée et formaliste, les cojurateurs, les ordalies, le duel judiciaire, tous ces moyens de preuve barbares, qui laissent trop souvent le hasard ou la mauvaise foi décider de l'issue d'un procès, ne tarderont pas, à leur tour, à s'adapter aux conditions nouvelles du milieu urbain. On sent désormais impérieusement le besoin de réformes profondes. Les vieux contrats formels du droit germanique doivent disparaître, du jour où la vie économique devient plus compliquée et plus active. Le duel judiciaire dont, au ixe siècle déjà, Louis le Pieux a exempté les marchands de la marche d'Espagne, ne peut se maintenir longtemps au milieu d'une population de commerçants et d'artisans. Dès le début du XIIe siècle, il est supprimé dans un grand nombre de localités : en 1108 à Staveren, en 1116 à Ypres, en

1130 à Fribourg, en 1127 à Saint-Omer. Pareillement, on remarque que, de bonne heure, la preuve par témoins l'emporte sur la preuve fournie par les cojurateurs. Au cours du procès, le rôle personnel des parties s'amoindrit de plus en plus au profit de celui du tribunal. Le wergeld fait place à un système d'amendes et de châtiments corporels. Enfin, les délais judiciaires, si longs à l'origine, sont considérablement réduits.

Et ce n'est pas seulement la procédure qui se modifie. Le contenu même du droit ne se transforme pas moins. On peut voir, par les renseignements épars que contiennent les chartes de communes, qu'en matière de mariage, de succession, de gage, de dettes, d'hypothèque, toute une législation nouvelle est, dans les villes, en voie de formation. Bref, ce n'est plus maintenant de *jus mercatorum* qu'il est question, mais de *jus civile*.

Ne croyons pas d'ailleurs que le droit urbain soit quelque chose d'absolument nouveau, ne se rattachant à rien d'antérieur. En réalité, il n'est qu'une modification de la coutume territoriale, accomplie sous l'action des forces économiques et sociales agissant dans les villes. Comme son ancêtre, le *jus mercatorum*, s'il est international par l'esprit qui l'anime, c'est cependant sur la base solide de la coutume nationale qu'il s'est partout édifié. Il diffère profondément, à cet égard, des ennemis contre lesquels il a eu à soutenir une lutte séculaire : le droit féodal et le droit domanial.

La coutume municipale, est-il besoin de le dire, ne s'est pas formée de toutes pièces au cours du XIe siècle. Nous avons été obligé souvent, dans les pages qui précèdent, d'anticiper sur le cours des événements et de parler de phénomènes qui sont bien postérieurs aux premières manifestations de la vie urbaine. C'est seulement quand la ville constitue un territoire juridique distinct, une *franchise*, un *Weichbild*, quand les hommes relèvent de son droit non plus en vertu de leur condition sociale, mais en vertu de leur résidence, que ce droit accomplit ses plus grands progrès. Mais tous ces progrès se trouvent en germe, en puissance, si l'on veut, dans le *jus mercatorum*, dans ce droit personnel des marchands qui s'est élaboré pendant le haut moyen âge, et dont nous avons essayé de caractériser, bien imparfaitement, l'esprit et les tendances.

L'acquisition de ce droit par les marchands doit avoir eu, on le comprend facilement, une influence prépondérante sur le développement ultérieur de la bourgeoisie. Nous entrevoyons, dans la demi-obscurité des origines, une période de transition dont le détail nous échappe, mais dont les tendances générales s'accusent assez nettement. Le XIe et le XIIe siècle forment une époque de luttes, de conflits, d'incertitude et de désordre. Le vieux droit cherche à se maintenir en présence du droit nouveau, mais partout il perd du terrain.

Non contents de jouir d'un droit qui leur est propre, les marchands cherchent à créer des organes chargés de l'appliquer. Ils tentent de s'emparer des anciennes juridictions et de les modifier à leur avantage. La transformation de la coutume et de la procédure doit d'ailleurs amener une transformation radicale dans la constitution judiciaire et administrative de la ville. Évidemment, les *ministeriales* et les échevinages seigneuriaux ont fait leur temps. La bourgeoisie veut se mêler directement à la gestion de ses affaires. À Arras, on voit les *cives* prétendre partager la juridiction du tonlieu avec les fonctionnaires de Saint-Vaast. À Dinant, on constate que les *monetarii*, qui, au début, constituent l'échevinage, sont peu à peu expulsés par les bourgeois. L'Allemagne rhénane et la France nous présentent de leur côté des phénomènes analogues.

Du reste, ce ne sont pas seulement les marchands qui s'agitent. Les divers groupes sociaux et juridiques qui coexistent avec eux dans les villes veulent participer aussi aux privilèges du droit nouveau. Tous, en effet, perdent de plus en plus leur caractère primitif, agricole ou domanial. L'exercice du commerce et de l'industrie, en se généralisant, les rapproche toujours davantage des marchands, et la population tout entière doit chercher dès lors à mettre le droit qui la régit d'accord avec la vie qu'elle mène.

Sans doute, nous sommes fort mal renseignés sur ce qui s'est passé alors, et cela n'a rien d'étonnant. Les institutions étant encore dans le devenir, personne ne les a décrites. On aperçoit seulement des mouvements confus. Mais le chaos ne va pas tarder à s'organiser. Le XIIe et le XIIIe siècle nous montrent les villes arrivées au but, formant des personnes morales, douées d'une existence propre. Il nous reste à voir quels sont les facteurs qui ont joué le rôle principal dans ce dernier acte de l'évolution.

IV. — On est d'accord pour considérer la ville du moyen âge comme jouissant d'une paix spéciale. Quelle que soit la diversité des théories émises sur l'origine des constitutions municipales, c'est là une vérité si évidente qu'elle est admise par tout le monde. Après Arnold, Heusler, Gierke et von Maurer, M. Sohm le démontrait encore récemment avec cette netteté et cette précision qui sont propres à tout ce qu'il écrit. Il serait donc sans intérêt de revenir ici longuement sur un point si bien établi et dont les preuves abondent. Il suffira de rappeler au lecteur ces lignes caractéristiques du plus ancien droit de Strasbourg : *Ad formant aliarum civitatum, in eo honore condita est Argentina ut omnis homo, tam extraneus quam indigena, pacem in ea omni tempore et ab omnibus habeat.* Cette affirmation catégorique, vraie pour les villes allemandes, ne l'est pas moins pour les villes françaises. Celles-ci aussi nous apparaissent comme des endroits de paix. Leurs banlieues s'appellent *pax*, leurs hôtels de ville portent le nom de *domus pacis*, leurs jurés sont désignés par les mots de *jurati pacis*, de *wardours de la paix*, etc... Concluons donc que, dans tout le nord de l'Europe, la paix est un des caractères essentiels de la ville du moyen âge, qu'elle fait partie de sa nature.

D'où provient cette paix spéciale à la ville ? La question, on le sait, est singulièrement controversée. On a abandonné aujourd'hui, et avec raison, l'idée qui faisait remonter la paix urbaine aux paix de Dieu du XIe siècle. Il est facile de voir, en effet, que, tandis que la paix de Dieu s'étend à tout un pays, la paix de la ville est locale. Les textes la distinguent très clairement de la première. À Staveren, la *communis pax civitatis* est opposée à la *pax quam omnis possidet Frisia*. À Liège, la paix générale établie dans l'évêché par Henri de Verdun ne s'étend pas à la cité. Il est vrai que la paix de la ville se présente souvent à nous avec une teinte ecclésiastique très accusée. Il est vrai encore que, dans certains cas, elle emprunte à la paix territoriale des stipulations plus ou moins nombreuses. Il est vrai, enfin, que les bourgeois se sont montrés favorables à l'établissement des paix de Dieu, parce que, plus que d'autres, ils avaient intérêt à voir l'ordre et la sécurité régner dans le plat pays. Mais, quelque intéressants que soient ces faits, ils sont insuffisants pour nous permettre d'établir un lien de filiation entre la *pax Dei* et la *pax civitatis*. La première est l'œuvre de l'Église, la seconde est purement laïque. L'une a pour sanction l'excommunication, l'autre les châtiments corporels.

Plus que personne, M. Sohm a insisté sur ce caractère exclusivement laïque de la paix urbaine, dans laquelle il voit, comme on sait, une paix de marché identique elle-même à la paix du palais royal. Nous ne reviendrons pas sur les objections que l'on peut faire valoir contre cette théorie. Nous dirons quelques mots seulement de l'opinion de ceux qui, moins hardis que M. Sohm, considèrent la paix de la ville comme une transformation, comme une application locale de la paix personnelle dont jouissent les marchands. Cette opinion exagère beaucoup, ce semble, l'importance d'un fait d'ailleurs parfaitement exact. La paix que les pouvoirs publics accordent aux marchands est une paix transitoire, intermittente. Elle ne les protège que pendant leurs voyages, quand ils se rendent aux foires et aux marchés. Nous ne voyons pas qu'elle les accompagne dans la ville, qu'elle continue à les protéger dans le *suburbium* où ils ont leur résidence. D'ailleurs, dès que la paix urbaine apparaît, elle se présente à nous comme une paix étendue à toute la ville, et la théorie n'explique pas comment la *pax mercatorum*, de personnelle qu'elle est essentiellement, est devenue locale.

En réalité, il ne me paraît pas nécessaire, pour rendre compte de l'existence de la paix urbaine, de recourir à des institutions préexistantes ou à des abstractions juridiques. Étant donné l'état social et politique du moyen âge, elle est pour la ville une nécessité inéluctable, un besoin primordial.

Observons ces agglomérations de plus en plus nombreuses d'immigrants, qui se forment au cours du XIe et du XIIe siècle. Elles se composent d'hommes venus de partout, de gens de conditions très différentes, d'étrangers, d'*advenae*. Entre eux, le lien naturel de la famille fait défaut. De plus, vivant en dehors des vieux groupes domaniaux, ils se voient privés de la protection et de la sécurité que les serfs trouvent dans les cadres encore solides du grand domaine. Pour se protéger mutuellement, pour ne pas former une collection d'individus juxtaposés les uns aux autres, sans cohésion et par là sans force, les immigrants ont recours à l'association, à la gilde, aux corporations de toute sorte. Mais ces groupements personnels ne suffisent pas. Nul n'est forcé d'en faire partie ; les clercs et les chevaliers en sont exclus. D'ailleurs, si les corporations exercent sur leurs membres un certain pouvoir disciplinaire, elles se trouvent impuissantes à punir les crimes et les délits. Or, dans cette société du moyen âge, par suite de la brutalité des instincts et de la violence des tempéraments, crimes et délits sont continuels. Dans les villes, ils sont plus abondants encore que dans le plat pays. La ville est en effet un entrepôt permanent, un *emporium*. Elle renferme de l'argent, des matières précieuses, des marchandises de toute sorte, proies bien faites pour tenter les pillards des environs. Contre leurs coups de main, nous l'avons vu déjà, les marchands ont construit une palissade autour de leur *suburbium*. Mais à cette protection matérielle doit s'ajouter la protection du droit.

Ce droit, cette paix qui s'établit dans la ville, est une sorte de droit permanent d'état de siège. Il est plus sévère, plus dur que celui du plat pays. Il prodigue les châtiments corporels : pendaison, décapitation, castration, amputation de membres. Il applique dans toute sa rigueur la loi du talion : œil pour œil, dent pour dent. *Secundum quantitatem facti punietur*, dit la charte de Saint-Omer, *scilicet oculum pro oculo, dentem pro dente, caput pro capite reddat. Si reus inventus fuerit*, lit-on dans celle de Laon, *capud pro capite, membrum pro membro reddat. Pro capite capud, pro manu manus*, stipule de son côté celle de Schwerin, avec une énergique concision. Il est d'ailleurs inutile d'accumuler les textes analogues. Des le XIIe siècle ils abondent, et il suffit, pour en trouver, de feuilleter un recueil de privilèges municipaux.

La paix urbaine est essentiellement locale. Du jour où elle est établie, chaque habitant, l'étranger comme le bourgeois, le serf comme le libre, le noble comme le non noble, sont tenus de l'observer. On pourrait presque dire qu'elle appartient au sol. La paix de Staveren est appelée *pax civitatis* et non *pax civium*.

Ainsi, du jour où la paix est établie dans la ville, elle crée, entre les divers groupes d'hommmes qui habitent celle-ci, quelque hétérogènes qu'ils puissent être, un lien solide et durable. Par nature, elle est un puissant instrument d'unification et de nivellement. L'histoire constitutionnelle des États nous fournit, à cet égard, un excellent point de comparaison. On peut remarquer, en effet, qu'au sortir de l'anarchie féodale, quand apparaît une activité législative nouvelle, les premières lois sont des lois de paix. Il en est ainsi de la plus ancienne ordonnance connue des rois de France et l'on sait, d'autre part, quelle a été en Allemagne l'influence des *Landfriedensordnungen*. Il n'en va pas différemment des principautés territoriales. C'est en leur qualité de protecteurs de la paix régionale que les seigneurs terriens ont lutté de très bonne heure contre les juridictions particulières et ont fini par les subordonner toutes à leur autorité supérieure.

Ce qui est vrai des États et des grands fiefs l'est aussi des villes. En possession d'une paix spéciale, elles s'arrachent aux diverses juridictions dans lesquelles elles se trouvaient engagées à l'origine. La période de morcellement prend fin. Quand la paix a triomphé, la ville forme un territoire juridique distinct. Le principe de la territorialité du droit l'emporte désormais sur celui de la personnalité. Soumis tous également au même droit pénal, les bourgeois, fatalement, participeront tous, tôt ou tard, au même droit civil. La coutume urbaine, dérivée du *jus mercatorum*, se répandra à la longue jusqu'aux limites de la paix, et la ville formera, dans le plein sens du mot, une communauté de droit.

On peut citer ici, pour prouver cette vérité, un texte particulièrement instructif de Gislebert de Mons. Ce chroniqueur, racontant rétablissement de la paix de Valenciennes par le comte de Hainaut Baudoin IV, s'exprime en ces termes : *Qui videns Valencenas, villam bonam multisque hominibus populatam, quasi nulli legi subjacere, unde ipsa villa minima pace gaudebat, habito hominum suorum consilio et consensu, legem instituit, que pax nominatur. In qua legis institutione milites patrie illius, servos suos et ancillas suas in eadem villa manentes eidem legi supposuerunt ut eadem pace gauderent, et ab illis et aliis omnibus ejusdem ville hominibus, exceptis clericis et militibus, dominus comes in eorum morte mortuas manus posset accipere.* Ces paroles de Gislebert attestent clairement l'importance et le caractère de la paix. Elles montrent avec une netteté parfaite l'action unifiante de celle-ci. La paix fait disparaître devant elle les diverses conditions juridiques. Elle s'étend aux *servi* et aux *ancillae* comme aux autres habitants. Elle devient la loi (*lex*) commune de la ville. La ville possède désormais son statut, obligatoire pour tous par le seul fait de la résidence. Les différences personnelles s'effacent. *Mercatores, servi, ancillae,* tous ces groupes jouissant jadis de droits particuliers, relevant de juridictions diverses, ayant leurs privilèges spéciaux, leurs intérêts propres et souvent opposés à ceux des autres, ont désormais un point de contact. Tous deviennent des *homines pacis*, tous sont soumis à une même *lex*. Et ce n'est pas seulement à Valenciennes que nous pouvons apercevoir le lien qui rattache à la *pax* la *lex ville*. À Poperinghe, par exemple, nous voyons le comte de Flandre désigner la loi qu'il donne à la ville par les mots *pacis securitatem*.

La paix urbaine, avons-nous dit, est essentiellement locale. Elle est fixée au sol et, en quelque sorte, incorporée à lui. Elle est contenue dans un certain espace nettement déterminé ; et cet espace n'est autre que celui qu'entourent les murs de la ville.

Différant en cela des villes modernes, les villes du moyen âge sont toutes des villes closes. Les termes *bonne ville* et *ville fermée* forment des expressions synonymes, et les héraldistes ont eu de bonnes raisons pour surmonter d'une couronne murale les armoiries municipales. Nous avons vu que, pendant la période franque, les villes ne sont que des châteaux forts. Plus tard, au pied de ces châteaux, de ces *castra*, que l'on peut comparer assez exactement aux acropoles des villes antiques, s'établit, là où les circonstances sont favorables, un faubourg, un *suburbium*. À l'origine, le faubourg a dû être complètement ouvert. Mais, de bonne heure, on a senti la nécessité de l'entourer d'une enceinte de défense. Cette enceinte primitive ressemblait sans doute de très près à ces clôtures que les marchands hanséatiques élèveront plus tard autour de leurs comptoirs et de leurs pêcheries. Ce n'étaient souvent que de simples palissades flanquées de fossés. Incapables de résister à une attaque en règle, elles ne servaient qu'à empêcher les voleurs du plat pays de faire irruption dans la ville. C'est seulement, en règle générale, à partir du XIIIe siècle que l'on voit les fortifications urbaines acquérir un caractère militaire et pouvoir résister à de longs sièges.

L'enceinte du faubourg est l'œuvre des habitants, non du seigneur. À celui-ci suffit son *castrum*, et il ne se préoccupe guère des grossières palissades élevées par les bourgeois. Il leur laisse le soin de se défendre eux-mêmes et à leurs frais. Nous avons vu, en effet, qu'à Saint-Omer, la gilde prélève sur sa caisse des fonds affectés aux fortifications de la ville.

Destinée exclusivement à mettre à l'abri des détrousseurs de grands chemins les marchands et les marchandises, l'enceinte de la ville est construite en dehors de toute préoccupation stratégique. Partant du château seigneurial, elle y revient par un circuit, en contournant au plus près le faubourg commercial. Habituellement elle communique par une porte avec le château. D'autres portes s'ouvrent sur les grandes routes qui donnent accès à la ville et qui, se prolongeant dans celle-ci pour aboutir au marché, en tracent les rues principales. Le mur de la ville s'adapte exactement à l'agglomération urbaine. Il s'agrandit à proportion qu'elle augmente. Il en suit fidèlement les mouvements. À mesure qu'elle devient plus importante, il s'allonge d'autant pour pouvoir l'enserrer. On comprend dès lors que l'espace clôturé ne correspond à aucune circonscription territoriale préexistante. Il se superpose aux juridictions et aux seigneuries qui partagent le sol de la ville, sans tenir compte de la condition des terres, de la diversité des propriétaires et des justiciers. C'est cet espace clôturé qui est le cadre de la paix : « *Si quis, INFRA MURUM hominem occident,* » dit la charte de Soest, « *capite truncabitur.* »

Et, en même temps que le mur de la ville marque les limites de la paix, il marque aussi celles du droit urbain. Dans l'intérieur de l'enceinte, dans ce que les textes flamands appellent la *cuve* de la ville, hommes et terres, dès le XIIᵉ siècle, participent au même *jus civile*. La condition des personnes comme celle des biens-fonds s'y égalise et s'y unifie. Les deux textes suivants sont à cet égard d'une précision admirable : *Omnes qui INFRA MURUM SANCTI AUDOMARI habitant et deinceps sunt habituri, liberos a cavagio, hoc est a capitali censu et de advocationibus constituo. — Omnes possessiones que teutonice Wuorth vocantur, que INFRA FOSSAM VESTRAM CONTINENTUR, unius juris sunt.* Ainsi, grâce à la paix, la ville forme maintenant, à tous les points de vue, un territoire juridique. Qui en franchit les portes se trouve régi par son droit. Qui y établit sa résidence pendant an et jour lui appartient. Il ne s'agit plus de *jus mercatorum*, mais de *jus oppidi*. Ce n'est plus la profession habituelle, c'est le domicile qui constitue la condition *sine qua non* de la bourgeoisie. L'air de la ville rend libre, dit un brocard allemand : *die Stadtluft macht frei*. La qualité de bourgeois ne s'acquiert pas, comme celle de *civis* dans l'antiquité, par la naissance. Elle n'est pas personnelle et indélébile. Celui qui l'a reçue peut l'abandonner, mais alors il « *convient qu'il voist manoir hors du lieu de le commune et en ceste maniere se pot il metre hors de le compaignie et des fres de le commune.* »

Du reste, ni la paix ni le droit de la ville ne sont restés enfermés dans les murailles. En règle générale, ils ont débordé au delà et se sont répandus à un territoire plus considérable, à la *banlieue*. De même que l'étendue de la banlieue est fort variable, de même ses origines sont fort diverses. Elle coïncide en certains endroits avec une circonscription judiciaire, ailleurs avec une circonscription rurale. Ailleurs encore elle semble être purement artificielle. Quoi qu'il en soit de ces questions difficiles, dont nous n'avons pas à nous occuper ici, on ne doit, semble-t-il, considérer la banlieue que comme un développement postérieur du territoire de la paix urbaine. Le droit qui y règne n'est, en effet, qu'un affaiblissement de celui de la ville. Il y a, à ce point de vue spécial, entre la ville et la banlieue, un rapport analogue à celui qui existe entre l'église et son cimetière. Et si l'on voulait pousser plus loin la comparaison, on pourrait faire remarquer que la paix de la banlieue, comme celle du cimetière, est symbolisée par la croix, tandis que la ville, comme l'église, dresse une tour dans les airs : le beffroi, la tour de la paix.

Le beffroi n'est pas seulement le symbole de la paix, il est aussi symbole de la commune. C'est que, en même temps qu'elle devient un territoire juridique, la ville devient une unité politique. Réunis dans la participation à un même droit, ses habitants le sont davantage encore par le lien corporatif qui s'établit entre eux. Ils forment un corps, une *universitas*, une *communitas*, une *communio*. Solidaires les uns des autres, ils constituent les parties inséparables d'un même tout. La ville ne consiste pas en une simple collection d'individus : elle est elle-même un individu. Les bourgeois ne l'habitent pas *ut singuli*. Ils sont, en quelque sorte, la ville elle-même. La personne de chacun disparaît complètement dans l'ensemble. Les hommes, dans la cité du moyen âge, nous apparaissent comme les parties indivisibles d'un puissant organisme.

Bien des causes ont contribué à constituer la commune.

Tout d'abord, la paix a dû exercer sur sa formation une influence considérable. L'établissement de la paix, en effet, a pour sanction le serment. Il suppose une *conjuratio* de toute la population urbaine. Le serment est partout une des conditions nécessaires de la qualité de bourgeois. Et ce serment ne se réduit pas à une simple promesse d'obéissance à l'autorité municipale. Il entraîne des obligations étroites. Il fonde pour le *juratus* le devoir strict de maintenir et de faire respecter la paix de la ville. Au cri de : Commune ! Commune ! chacun doit abandonner ses occupations et courir prêter main-forte à l'appelant. Ainsi, par le fait que la paix s'étend à toute la population urbaine, celle-ci se trouve constituer une *communio*. À Laon, paix et commune sont des termes synonymes. À Verdun, nous rencontrons des *wardours de la paix*, à Lille un *reward de l'amitié*, à Valenciennes, à Cambrai, des *jurati pacis*. Les noms mêmes que portent les chefs de l'association municipale nous permettent donc de voir dans quel rapport intime celle-ci se trouve avec l'institution de la paix.

Quelque prépondérante qu'ait été son importance, il serait excessif de considérer la paix comme l'unique cause de la commune. Rappelons-nous ce que nous avons dit plus haut de l'évolution de la coutume urbaine. Nous avons vu celle-ci supprimer successivement les vieilles justices, les droits domaniaux, les charges pesant sur le commerce, sur les terres, sur les personnes et leur substituer un droit nouveau en harmonie avec une condition sociale nouvelle. Mais il va de soi que ce résultat n'a pas été obtenu sans luttes et sans efforts. Pour vaincre, les bourgeois n'avaient qu'un moyen : l'association. Tous, libres et serfs, se sont donc réunis en commune. Les paroles si souvent citées de Guibert de Nogent montrent clairement que la commune a été l'instrument employé par eux pour se débarrasser des coutumes et des exactions féodales. À Saint-Omer, on ne peut douter non plus que l'abolition des droits domaniaux par la charte de 1127 n'ait été effectuée sous la pression de la commune jurée qui est antérieure à ce privilège.

Et ce qui est vrai du royaume de France ne l'est pas moins de l'Allemagne. Dans les contrées rhénanes, comme en Champagne, en Picardie et en Flandre, les textes mentionnent souvent des associations jurées de la bourgeoisie conclues contre le seigneur. Au commencement du XIIe siècle, en 1112, une *conjuratio pro libertate* nous apparaît à Cologne. À Trêves, un peu plus tard, les habitants se constituent révolutionnairement en commune. Mayence et Spire nous présentent des exemples analogues.

Il existe enfin une troisième raison qui rend compte de la formation du lien communal : je veux dire la nécessité, ressentie de très bonne heure dans les villes, de posséder un système d'impôts. Il fallait, en effet, se procurer les sommes nécessaires à l'établissement des travaux de défense de la commune. La construction du mur urbain a été partout le point de départ des finances urbaines. Mais l'impôt municipal n'est pas et ne peut pas être à l'origine un impôt public. Il lui manque la garantie de l'État. Il faut donc suppléer à celle-ci et on n'y peut suppléer que par l'association. À la contrainte légale, on substitue la contrainte fondée sur le consentement unanime de tous les contribuables. La commune impose à ses membres le devoir de la soutenir de son argent. Qui se refuse à en supporter les frais en est exclu. Elle ne s'ouvre qu'à celui qui paye l'impôt urbain, et la participation aux avantages qu'elle procure est strictement subordonnée à la participation aux charges qu'elle entraîne.

Ainsi, la commune s'est constituée sous la pression d'une triple nécessité. Elle est comme le corollaire de la paix de la ville, de l'affranchissement de la ville et de la fortification de la ville. Une fois établie et reconnue par les pouvoirs publics, elle fait de la population urbaine un être juridique, une personne morale indépendante, distincte des unités corporelles qui la composent. La ville, selon l'expression de

Beaumanoir, est une « compaignie, lequele ne pot partir ne desseurer, ançois convient qu'ele tiegne, voillent les parties ou non qui en le compaignie sont. » Arrivée à ce point, la ville du moyen âge est achevée. Elle est une seigneurie collective, elle fait partie de la hiérarchie féodale. Elle possède son trésor, son beffroi, son sceau et ses magistratures propres, son *corps de ville*, qui la personnifie, qui peut « perdre et gaaigner » pour l'ensemble.

En général, les premières communes ne se fondèrent point pacifiquement. La transformation sociale dont elles naquirent était trop profonde, elle allait trop à rencontre de l'état de choses traditionnel, des droits acquis, des habitudes prises, des intérêts conservateurs, pour ne pas provoquer d'énergiques résistances. Le XIᵉ et le XIIᵉ siècle sont pleins de luttes intestines. En dépit de la rareté des documents que nous avons conservés, ils nous apparaissent singulièrement turbulents et agités. À Liège, à Cologne, à Worms, à Spire, à Mayence, à Beauvais, à Laon, à Tournai, à Cambrai, les constitutions municipales s'achèvent par la violence. Et, chose caractéristique, c'est la population marchande qui s'y montre partout à la tête des révoltés. À Cologne, en 1074, le soulèvement est provoqué par la réquisition pour le service de l'archevêque du bateau d'un *praedives mercator*. À Cambrai, ce sont les bourgeois les plus riches qui dirigent l'insurrection. Pendant la guerre des investitures, les marchands révoltés contre leurs évêques s'engagent dans l'armée de l'empereur. En Flandre, enfin, après l'assassinat de Charles le Bon en 1127, ce sont encore eux qui s'insurgent les premiers contre le nouveau comte, Guillaume de Normandie.

Cet exemple montre que ce n'est pas seulement dans les villes épiscopales que le droit urbain a triomphé par la force. Pourtant, on peut dire que, presque toujours, les villes laïques présentent un développement plus pacifique que les villes épiscopales. Et cela se comprend aisément. Tout d'abord, les princes séculiers ne résidaient pas dans les villes. La plus grande partie de l'année se passait pour eux à parcourir leurs terres. Ils vivaient loin de la bourgeoisie, et par là même les causes de conflits se trouvaient singulièrement diminuées. Il en était tout autrement des princes ecclésiastiques. Ceux-ci, fixés à demeure dans leurs cités, résidant au milieu de la bourgeoisie, étaient continuellement exposés à entrer en lutte avec elle.

D'autre part, tandis que les princes féodaux ne semblent pas avoir eu de doctrines arrêtées en matière politique, les ecclésiastiques, formés par la lecture des livres saints, se faisaient un certain idéal de gouvernement et d'organisation sociale. Burchard de Worms, par exemple, s'inspire évidemment de préceptes religieux dans la législation qu'il donne à ses sujets. On sait, du reste, que pendant longtemps l'administration des princes d'Église a été excellente. Plus doux, plus humains, plus cultivés que les laïques, ils ont traité leurs *familiae* avec plus de bonté et plus d'intelligence. Au Xe et au XIe siècle, la plupart des membres du haut clergé ne se sont pas moins illustrés par leurs talents politiques que par leur science et leurs vertus. Mais, par là même qu'ils se faisaient de leur mission une idée plus haute et qu'ils accomplissaient leur tâche avec plus de sérieux et plus de dévouement, les évêques devaient tenir davantage au système d'administration qu'ils avaient créé et le défendre avec d'autant plus d'énergie, le jour où les bourgeois prétendraient s'en affranchir. Sans doute, leur attitude ne semble avoir été ni hautaine ni intransigeante. Des réformes furent accomplies, des adoucissements apportés à la rigueur du droit domanial. Mais, s'il est permis d'employer ici cette expression moderne, le nouveau programme politique était incompatible avec certains principes que l'Église ne devait pas abandonner. Pouvait-elle renoncer, en effet, à ses tribunaux, à ses immunités, à son droit d'asile, à ses privilèges juridiques et financiers ? En outre, il faut reconnaître qu'elle était peu sympathique à la vie commerciale et qu'elle confondait volontiers sous le nom d'usure ces opérations de crédit auxquelles le marchand recourait habituellement dans la pratique des affaires. Ainsi, dans les villes épiscopales, les conflits étaient inévitables. On connaît trop l'histoire tragique de la commune de Cambrai pour qu'il faille la rappeler ici. Elle montre que, même sous d'excellents évêques, il fut impossible de résoudre autrement que par la violence la grande question qui s'agitait alors. Et ce qui s'est passé à Cambrai n'est pas, on le sait, un fait isolé. On constate des événements analogues dans la plupart des cités du nord de la France et de l'Allemagne rhénane. D'ailleurs, si nous parcourons la littérature du temps, nous y trouvons plus d'une fois l'expression des sentiments que nourrissait le clergé à l'égard des

111

bourgeoisies. Il ne faut pas voir dans les virulentes invectives que lance contre elles Guibert de Nogent la manifestation violente d'une opinion individuelle. Un grand nombre de ses contemporains pensent comme lui. Lambert de Hersfeld se montre plein de mépris pour ces commerçants qui, élevés dans les délices des villes, dépensent leurs gains en fêtes et en banquets. Ives de Chartres est animé de tendances semblables. Enfin, au commencement du XIIIe siècle, Jacques de Vitry prêche encore contre les *violente et pestifere communitates*.

Quoi qu'il en soit, d'ailleurs, au cours du XIIe siècle, les villes triomphent partout. Il en a été du droit urbain comme du droit féodal. Les efforts tentés pour arrêter leur développement ont échoué, parce qu'ils répondaient, l'un comme l'autre, à des nécessités inéluctables, parce qu'ils correspondaient tous deux à des transformations sociales et économiques plus puissantes que les traditions gouvernementales. Bon gré mal gré, les détenteurs de la souveraineté ratifient le fait accompli. Ici sous la pression de l'émeute, là à prix d'argent, ailleurs encore parce qu'ils se rendent compte enfin de la situation nouvelle, ils se laissent extorquer, ou ils vendent, ou ils octroient le précieux parchemin contenant les droits et les privilèges des bourgeois, donnant ainsi la consécration de la loi à un état de choses jusque-là contesté et précaire. Et bientôt les chartes municipales ne sont plus seulement le prix de la victoire des communes. Les seigneurs comprennent qu'il est de leur intérêt de favoriser la vie urbaine. Plusieurs d'entre eux fondent des villes neuves, véritables colonies qu'ils dotent, dès le premier jour, de ce droit urbain qui s'est lentement et péniblement élaboré dans les villes anciennes. Et ce droit, n'étant entravé ici ni par la tradition historique, ni par les intérêts séculaires, ni par les survivances d'un état de choses antérieur, nous apparaît, dès sa naissance, clair, complet et logique. De même que dans le royaume de Jérusalem le droit féodal se présente à nous sous une forme bien plus parfaite que dans les États de l'Occident, parce qu'il a été introduit d'un seul coup et tout d'une pièce, de même, les chartes des villes neuves du XIIe siècle sont les documents les plus purs et les plus parfaits du droit municipal de l'Europe.

V. — La ville, formant dans l'enceinte de ses murs un territoire juridique indépendant, doit, de toute nécessité, posséder sa juridiction propre. Le droit urbain s'opposant au droit régional, il faut inévitablement qu'un tribunal spécial soit chargé de l'appliquer et, en l'appliquant, de le développer. C'est une clause qui ne manque à presque aucune charte municipale, que les bourgeois ne pourront être jugés que dans la ville. Il en est, à ce point de vue, de la commune comme de l'immunité. Toutes deux, en vertu de la situation privilégiée qui leur est faite, celle-ci par l'exemption de l'*introitus judicum publicorum*, celle-là par la reconnaissance officielle de son autonomie, en arrivent à posséder leurs cours de justice. Mais, tandis que la juridiction de l'immunité constitue une juridiction privée, se rattachant, par ses origines lointaines, au *mithio* et au séniorat, le tribunal urbain, au contraire, nous apparaît comme un tribunal public. C'est avec raison que l'on a comparé la ville à une *centène*. Loin de provenir de la juridiction domaniale, la juridiction municipale s'est formée en dehors d'elle et en opposition avec elle. Cela est si vrai qu'au début, dans la plupart des villes, on remarque l'existence simultanée des vieilles cours seigneuriales et de la *forensis potestas*. Il va de soi, d'ailleurs, qu'une population libre, comme l'est celle des villes, ne peut ressortir à un tribunal privé et que seul le pouvoir public sera compétent pour juger des hommes dont la personne n'appartient à aucun maître. On arrive encore à la même conclusion pour peu qu'on réfléchisse aux caractères, à la nature du droit urbain. De ce que nous avons dit plus haut, en effet, il résulte que celui-ci découle de deux sources différentes. Il y faut voir, d'une part, une transformation de la coutume nationale sous certaines influences sociales et économiques et, d'autre part, une manifestation particulière du droit de paix. Or, à l'un comme à l'autre de ces points de vue, le droit urbain nous apparaît comme un droit public, pur de tout alliage seigneurial. Du reste, si nous consultons les textes, cette vérité nous apparaîtra plus nettement encore. En France comme en Allemagne, nous remarquerons que l'officier de justice dans la ville, le *semonceur* des jugeurs municipaux, est un délégué de l'État. À la différence de l'immunité, la ville, loin d'être fermée au *judex publicus*, possède à demeure, dans ses murailles, un fonctionnaire public. Le privilège dont elle jouit de former une circonscription judiciaire laisse subsister intact le lien qui la rattache à la puissance souveraine. Maire, écoutète, avoué, le juge urbain est le successeur incontestable de l'ancien centenier franc. Sous la diversité des noms, on retrouve partout une essence identique. À Strasbourg, l'écoutète (*causidicus*) tient son pouvoir de l'avoué, qui reçoit lui-même son *bannum* de l'empereur. À Amiens, le maire de la ville est appelé par le roi *major noster*. Dans les villes soumises aux établissements de Rouen, en Flandre, dans le pays de Liège, les écoutètes et les mayeurs sont tous des officiers du suzerain. Partout, une partie des amendes qu'ils appliquent revient au seigneur. Enfin, on sait que le serment qu'ils prêtent à leur entrée en charge débute toujours par une promesse de fidélité et d'obéissance au prince.

Toutefois, si le tribunal urbain constitue un tribunal public, si l'officier qui le préside remplace auprès de lui le souverain, par sa composition, par le mode de recrutement de ses membres, il présente un caractère nettement municipal. Tout d'abord, il est régulièrement formé de bourgeois. Pour en faire partie, il faut, non seulement appartenir à la commune, mais encore être propriétaire dans la ville. En outre, dans une mesure plus ou moins large, la commune intervient dans la nomination de ses juges. Partout elle acquiert des garanties contre l'arbitraire possible du seigneur. Ici, elle a un droit de présentation; ailleurs, on applique le système plus libéral de l'élection; ailleurs encore, on a recours à des formalités compliquées : élection à plusieurs degrés, tirage au sort, etc., qui ont manifestement pour but d'écarter la brigue et la corruption. En certains cas, il arrive même que la ville ne participe pas seulement à la création des jugeurs, mais aussi à celle de l'officier de justice. Enfin, le serment prêté par celui-ci, à côté de la fidélité jurée au prince, contient l'affirmation solennelle de respecter et de maintenir les privilèges urbains.

Dès le commencement du XIIe siècle, plusieurs villes nous apparaissent déjà en possession de leur tribunal propre, de leur échevinage. On voudrait savoir d'où provient celui-ci. Se rattache-t-il à un tribunal préexistant dont il n'est que la transformation ? Faut-il chercher ses origines dans l'assemblée judiciaire de la centène, ou dans une justice de marché ?

Le lecteur qui nous aura suivi jusqu'ici dans cette longue étude ne sera pas étonné si nous croyons devoir écarter l'une et l'autre de ces manières de voir. En ce qui concerne la seconde, nous avons déjà fait observer que la ville et le marché sont choses distinctes, indépendantes et entre lesquelles on ne peut établir un lien de filiation.

Quant à l'opinion des savants qui considèrent l'échevinage urbain comme une survivance des échevinages de l'époque franque, elle tient trop peu compte, semble-t-il, des caractères particuliers que présente la ville en tant que circonscription judiciaire. Comme territoire juridique, en effet, la ville ne correspond pas nécessairement à la centène. Elle s'est formée sans tenir compte des circonscriptions préexistantes. Le cadre dans lequel s'enferme le droit urbain est tracé par les murailles de la ville, et celles-ci englobent indistinctement des districts de toute nature.

Ainsi, ce n'est qu'exceptionnellement qu'il peut y avoir coïncidence entre l'étendue de la centène et celle de la ville. Partant, on ne comprend pas comment l'échevinage urbain pourrait se rattacher à un échevinage de centène.

Dès lors, on doit le considérer, semble-t-il, comme une création nouvelle. Le principe que le bourgeois doit être jugé dans la ville suffit à l'expliquer. Car ce principe essentiel, sans lequel la ville du moyen âge est incomplète, suppose nécessairement, comme corollaire, l'érection d'un tribunal urbain. En octroyant ce privilège, le seigneur, du même coup, en accepte les conséquences. Du jour où il reconnaît officiellement la ville comme un territoire juridique, il consent, par là même, à ce qu'elle possède ses juges particuliers. *Spectat ad libertatem oppidi*, dit la Keure de Gand, *ut in eo tredecim habeantur scabini, quorum judicio omnes causae rei publicae tractabuntur*.

On comprend facilement que nos renseignements sur les tribunaux urbains ne remontent pas à une époque fort ancienne. Nous ne savons presque rien d'eux pour la période antérieure à la concession des chartes communales. C'est qu'en effet leur existence légale ne date que du jour où la ville obtient sa *lex*. Auparavant, si les communes ont possédé quelque juridiction, ce n'a pu être qu'à titre précaire et moyennant la tolérance ou la bonne volonté du seigneur. Il a dû exister alors une période de transition dont le détail nous échappe. Le droit urbain s'élabore au milieu des tâtonnements et des tentatives faites pour créer un état de choses définitif. Peut-être les marchands ont-ils parfois exercé entre eux une certaine juridiction. Plus vraisemblablement les cours de justice, publiques ou domaniales, se sont inspirées plus ou moins complètement des principes du droit nouveau. Mais on peut affirmer qu'il n'y a pas eu d'organisation judiciaire municipale digne de ce nom, avant que, par la reconnaissance de sa paix et de son *jus civile*, la ville ne soit devenue un territoire juridique.

Il faut se hâter maintenant de reconnaître que, dans beaucoup de villes, il n'a pas existé un tribunal unique. Très souvent, la juridiction est exercée concurremment par diverses magistratures. Nous parlerons plus loin de la juridiction proprement communale, mais nous avons à constater ici, pour être complet, que la juridiction publique elle-même est, en bien des cas, répartie entre divers groupes de magistrats dont il est souvent difficile de fixer exactement la compétence respective et les rapports réciproques. Parfois, cette multiplicité des justices doit être attribuée à des causes historiques qu'il appartient aux monographies locales de découvrir. Ailleurs, dans certaines villes françaises particulièrement et dans le groupe des villes liégeoises et lorraines, elle paraît répondre assez exactement à la double nature du droit urbain, à la fois droit civil (*jus civile*) et droit de paix.

Dans les villes auxquelles je fais allusion, à Noyon, à Saint-Quentin, à Laon, à Beauvais, à Amiens, à Metz, à Verdun, à Liège, à Huy, à Dinant, etc., on rencontre, à côté de l'échevinage, le corps des pairs ou des jurés. Tandis que le premier se présente clairement à nous comme une juridiction publique, on pourrait être tenté, au premier abord, de considérer le second comme l'organe d'une juridiction purement communale et profondément différente de la juridiction publique. Ce serait là une erreur complète. Sans doute, la ville prend une part bien plus directe à la nomination des jurés qu'à celle des échevins, sans doute aussi, tandis que les fonctions de ceux-ci sont, en règle générale, à vie, celles de ceux-là sont presque toujours annuelles. Mais il reste vrai que, malgré ces différences considérables, la juridiction des jurés en tant que *jurati pacis* constitue une juridiction publique. Le droit de paix dont jouit la ville n'a rien, en effet, d'un droit communal. Il est essentiel à toutes les villes. Toutes l'ont reçu du seigneur, c'est-à-dire de l'État. Seulement, tandis que dans plusieurs d'entre elles ce droit a pour organe le tribunal ordinaire (échevinage), dans beaucoup d'autres, et spécialement dans les villes françaises, il est placé sous la sauvegarde de la commune et confié par conséquent aux délégués de celle-ci, c'est-à-dire aux jurés.

Partagée à l'origine entre plusieurs corps différents, la juridiction urbaine ne tarda pas à tendre à l'unité. Il arrive fort souvent qu'un tribunal accapare complètement ou presque complètement la compétence du tribunal voisin. En France, dans les localités où échevins et jurés se trouvent en présence, les premiers ont disparu très souvent, dès le XIIIᵉ siècle, à l'avantage des seconds. En Allemagne, dans beaucoup de villes, les *consules* ont réussi de même à supprimer ou à se subordonner les corps judiciaires qui, à l'origine, fonctionnaient à côté d'eux. Il ne nous est pas possible d'entrer ici dans le détail des transformations accomplies. Il doit nous suffire d'avoir reconnu, dans les communes, l'existence d'une juridiction publique. Et cette juridiction, remarquons-le en terminant, est inséparable, au moyen âge, de l'existence même de la ville. Si elle manque, au sens juridique du mot, il n'y a pas de ville. Cela est si vrai que, lors de la suppression des communes en France, le ressort judiciaire de la ville est resté intact. On peut abolir le gouvernement autonome des habitants, leur interdire de posséder un sceau, un beffroi, une caisse commune, casser les échevins et les jurés, le territoire juridique urbain comme la coutume urbaine subsistent malgré tout. Ils sont ce qu'il y a de plus essentiel dans la ville et de plus primitif. Tout le reste n'est venu que par surcroît, par voie de conséquence.

Nous ne nous sommes occupés jusqu'ici que de la ville en tant que circonscription judiciaire de droit public. Mais il est temps de constater maintenant qu'à côté de sa juridiction publique la ville possède également une juridiction proprement communale. Celle-ci est indépendante de l'État. Elle fonctionne en dehors de son système judiciaire, elle échappe à son contrôle. Les noms mêmes qu'elle porte, *juridiction des statuts*, *judicium sine banno*, le prouvent à l'évidence. Tandis que le droit municipal, en tant que droit public, se rattache au droit territorial et au droit de paix, en tant que droit communal, au contraire, il dérive de la corporation bourgeoise elle-même. Il constitue, en quelque sorte, un droit extra-légal. Il se passe de la ratification du seigneur. Il nous apparaît comme le produit du *self-government* de la ville.

Tout corps judiciaire, au moyen âge, exerce des attributions administratives et, parallèlement, toute administration suppose une certaine juridiction. La ville, dès lors, s'administrant elle-même, possédant ses règlements spéciaux, ayant ses institutions propres en matière de milice, de finances, de police, a nécessairement, en ces matières, une juridiction propre. Cette juridiction communale est celle du conseil, et il importe, avant d'en étudier le caractère, de voir d'où provient cette magistrature nouvelle, si caractéristique des villes du moyen âge.

Nous ne reviendrons pas ici sur ce que nous avons dit plus haut de l'impossibilité où l'on se trouve de rattacher les conseils municipaux soit aux gildes, soit aux institutions des communes rurales. Le conseil est, en France comme en Allemagne, un organisme nouveau et spécialement urbain. On ne le rencontre pas en dehors des villes, ou du moins on ne l'y rencontre que très tard. Les noms que portent ses membres : *jurati*, *pares*, *consules*, *choremanni*, *consiliarii*, *denominati*, ne se trouvent pas dans le plat pays.

De même que le tribunal urbain est une conséquence de la reconnaissance de la ville comme territoire juridique distinct, de même le conseil s'explique par le groupement de la population urbaine en commune. Avant l'époque où la bourgeoisie se forme en corporation jurée, on ne peut comprendre qu'elle ait possédé un collège de délégués chargés d'agir en son nom, de la représenter et de l'administrer. Il a existé sûrement de très bonne heure, pour les divers groupes entre lesquels elle était répartie, des institutions communales ou corporatives, comme il existait à l'origine diverses cours de justice. Les marchands du *suburbium*, réunis en gildes ou en associations, avaient à leur tête leurs doyens. Les *censuales*, relevant des différents domaines de la ville, nommaient, soit librement, soit avec l'approbation et sous le contrôle du seigneur, des personnes revêtues d'un certain pouvoir de police. Dans les villes comme à la campagne, il existait des *Burrichter*, des *Heimburgen*, etc.. Mais tous ces petits conseils de groupes juxtaposés les uns aux autres n'ont pas formé le conseil urbain. Celui-ci s'est superposé à eux, et une preuve excellente qu'il ne provient pas d'eux, c'est qu'au lieu de les absorber, il les a laissés subsister. On retrouve, en effet, dans beaucoup de localités, des magistrats de quartiers, qui ne sont autre chose que les descendants des administrateurs des anciens groupes locaux. Ils n'ont, pas plus que la gilde, cessé d'exister après la création du conseil. Mais ce qui est vrai de l'une l'est aussi des autres, et le conseil est aussi étranger à la première qu'aux seconds.

Formés par la commune en unité corporative, les bourgeois, solidaires les uns des autres, ont, vis-à-vis les uns des autres, des droits et des devoirs réciproques. En outre, comme université (*universitas civium*), ils possèdent des privilèges nombreux et ont, d'autre part, à supporter les frais qu'entraîne infailliblement l'administration de toute agglomération d'hommes. Pour faire observer ces droits et ces devoirs, pour maintenir ces privilèges, pour exercer cette administration, il faut que la commune établisse une magistrature permanente, émanant d'elle et agissant en son nom. La *garde* de la commune (*communis custodia*), la gestion de la république, provoquent ainsi la création du conseil municipal. Ce conseil n'est autre chose qu'une délégation de la bourgeoisie. Le peuple est la source de son pouvoir. Jurés, pairs ou conseillers ne sont que les mandataires de la commune. Elle leur délègue une autorité qu'elle ne peut directement exercer elle-même, mais elle n'abdique pas entre leurs mains. Nommés pour un temps très court, les conseillers nous apparaissent comme les serviteurs de la ville. Ce n'est pas une prérogative enviée que de faire partie du conseil : c'est un devoir et un devoir très lourd auquel nul ne peut se soustraire. Simples gardiens de la ville, les mandataires de celle-ci ne forment pas encore, à l'origine, un corps de magistrats. Ce n'est que plus tard, quand la constitution se développe, quand l'administration se complique et quand le gouvernement prend un caractère aristocratique, que nous les voyons constituer un véritable collège, un conseil fermé, sur lequel l'influence du peuple ne se fait plus sentir que très faiblement. Au début, il en allait tout autrement. Les magistrats n'étaient qu'un groupe de personnes nommées par la ville, très semblables aux *select-men* des villes américaines, simples exécuteurs de la volonté populaire. Ce qui le prouve, c'est qu'à l'origine il leur manque un des caractères essentiels de tout corps constitué, je veux dire une autorité centrale, un président. Les bourgmestres sont, en effet, de création relativement récente. Les jurés, les délégués de la ville existent depuis une époque bien plus ancienne. Ils appartiennent à une période où l'esprit des institutions tend à se modifier, où l'on sent le besoin d'une centralisation plus grande et d'un pouvoir plus indépendant. Avec les jurés, le bourgmestre ou le maire forme le corps de ville, incarnation de la commune, agissant souverainement en son nom, symbolisant son pouvoir comme le roi symbolise le pouvoir de l'État.

Nous ne possédons pas de détails très abondants ni très précis sur les fonctions primitives des mandataires de la ville, et cela s'explique aisément. Comme ils ne sont pas des magistrats publics, les chartes communales n'en font guère mention. Pourtant, en combinant les données éparses dont nous disposons, nous arrivons à nous faire une idée de leurs attributions originelles.

Nous avons vu plus haut qu'il faut chercher dans la nécessité de fortifier la ville, le point de départ de l'administration urbaine. Par là, la bourgeoisie s'est vue obligée d'établir un système d'impôts. Elle a du moins une caisse commune, un trésor public. À mesure qu'on avance, les dépenses deviennent de plus en plus considérables. De nouveaux travaux publics sont entrepris : on construit des beffrois, des halles, des portes, des écluses, des ponts ; on pave les rues ; on organise un service de distribution d'eau, etc...

Bientôt les jurés ne suffisent plus à la tâche. À côté d'eux apparaissent de nouveaux délégués : percepteurs d'impôts, surveillants, *rewards*, *vinders*, contrôleurs de toute espèce. À l'origine, ces personnes sont, comme les jurés, des bourgeois à qui l'on confie gratuitement telle ou telle fonction administrative. Mais, dès le XIIIe siècle, par suite de la complication de plus en plus grande des affaires, on se voit forcé de recourir à de véritables fonctionnaires municipaux salariés, nommés par le conseil et, en général, institués à vie. Parmi eux, le plus important est le secrétaire ou clerc de la commune, chargé de tenir par écrit les comptes de la ville, de rédiger sa correspondance, etc..

L'administration urbaine repose sur des règlements, *bans*, *statuts*, *cris*, *voorboden*, etc., dont l'ensemble constitue une véritable législation municipale. Nous ne possédons pas de ces règlements qui soient antérieurs au XIIIe siècle. Pourtant, nous ne pouvons douter qu'on n'en ait fait de très bonne heure.

Ces bans municipaux ne sont pas l'œuvre du conseil. Simple mandataire de la bourgeoisie, celui-ci n'exerce pas le pouvoir législatif, qui réside tout entier dans le peuple. On ne peut douter, en effet, qu'à l'origine les *bans* n'aient été votés par l'*université* des citoyens, par l'assemblée générale de la commune.

C'est au conseil qu'il appartient, en revanche, déjuger les contraventions aux règlements urbains. En qualité de juridiction des statuts, il applique souverainement les amendes promulguées par lui contre les délinquants. *Pro quacumque commonitione quam fecerint*, dit la charte de Noyon, *sive pro banno, sive pro fossato vel firmatione ville, neque episcopus neque castellanus habent ibi aliquid justicie vel implacitationis.*

Le conseil ne constitue pas seulement la juridiction des statuts. Il possède encore une certaine juridiction en matière de police. Dans toutes les villes on le voit exercer une sorte de pouvoir disciplinaire sur la conduite et les mœurs de la bourgeoisie. Les rixes, les injures, les coups et blessures, la débauche scandaleuse, relèvent de sa juridiction. Il est comparable, à ce point de vue, au comité d'une société qui applique aux membres de celle-ci, en vertu d'un statut accepté par eux, les amendes fixées par ces statuts. Ici encore, en effet, la ville n'exerce pas une juridiction publique, mais une juridiction corporative. Son droit de police s'étend à tous les bourgeois, parce que tous appartiennent à la commune et ne peuvent se soustraire à sa discipline intérieure. D'ailleurs cette discipline s'impose aussi aux étrangers. Mais, dans ce cas, la sanction s'en trouve dans l'interdiction qui leur est faite, s'ils ne s'y soumettent pas, de reparaître dans la ville.

Le conseil possède encore la police du commerce et de l'industrie. C'est là une de ses attributions principales, car la ville est essentiellement, nous l'avons vu, un centre commercial. Il fixe l'heure et l'emplacement des divers marchés, établit le prix des denrées, veille à ce que leur qualité soit irréprochable. Il contrôle les procédés de l'industrie, donne leurs règlements aux métiers, institue des inspecteurs du travail. À ce point de vue, les attributions du conseil se rattachent à celles qu'exerçait primitivement le seigneur de la ville. À l'origine, le contrôle de l'activité économique faisait partie intégrante du tonlieu. À

Dinant, au XIe siècle, c'est comme détenteur du tonlieu que le comte règle l'exercice du commerce. Or, on sait que le tonlieu a été abandonné aux bourgeoisies. Le conseil s'est trouvé, par là, en possession d'un pouvoir qui appartenait primitivement à l'État. Dans ses mains, la juridiction commerciale a perdu son ancien caractère fiscal. On s'en aperçoit tout de suite au nouveau système d'amendes qui en est la sanction. La juridiction en matière de poids et mesures, que le conseil possède dans beaucoup de villes, n'est qu'une manifestation particulière de cette juridiction commerciale. Comme faisant partie de la *justicia thelonei*, elle appartenait primitivement au seigneur : elle est maintenant à la ville.

Les attributions primitives du conseil se résument dans les quelques points que nous avons examinés jusqu'ici. Gardien de la législation municipale, détenteur d'une juridiction autonome en matière de police, régulateur de l'exercice du commerce et de l'industrie, le conseil est, à ces divers points de vue, profondément différent du tribunal qui représente, dans la ville, la juridiction publique. Mais il faut se garder de croire que cette distinction théorique se reconnaisse facilement dans la pratique. Si, par ses caractères essentiels, le conseil est une magistrature communale, il est bien rare que les pouvoirs qu'il exerce soient purs de tout alliage. À mesure que l'indépendance urbaine grandit, il acquiert une portion plus ou moins considérable des pouvoirs de l'autorité publique. Dans chaque ville, il se présente ainsi comme une magistrature complexe ; par-dessus ses attributions primitives et essentielles, d'autres attributions, comme autant d'alluvions successives, sont venues se déposer et modifient plus ou moins profondément le type primitif de l'institution.

Tout d'abord, dans un très grand nombre de cas, le conseil a acquis une juridiction civile, concurrente en quelque sorte de celle du tribunal urbain. En matière de contrats, de dettes, de location, etc., on peut plaider aussi bien devant l'une que devant l'autre des deux juridictions. Il faut chercher, semble-t-il, l'explication de ce fait dans le pouvoir officieux d'arbitrage en matière de contestations peu importantes que le conseil a possédé de bonne heure. Du reste, il est arrivé fort souvent que le conseil a reçu de l'État une véritable délégation de la justice publique. Il en est ainsi particulièrement dans les villes françaises où les jurés exercent la juridiction de paix qui, dans beaucoup d'autres villes, appartient au tribunal seigneurial. Il faut remarquer, de plus, qu'il y a eu des villes où c'est le tribunal seigneurial qui a fini par devenir le conseil et où la distinction s'est presque complètement effacée entre le pouvoir public et le pouvoir communal.

Il nous reste, après avoir étudié la formation du tribunal urbain et celle du conseil, à dire un mot de la population à laquelle s'applique le pouvoir de ces deux magistratures. Cette population est la bourgeoisie. Tandis qu'à l'origine elle ne comprenait que le groupe des *mercatores*, elle se compose maintenant, en principe, de tous ceux qui résident dans l'enceinte des murs de la ville. Je dis en principe, car, en vertu de leur situation particulière, divers groupes d'hommes échappent à la règle générale.

Tout d'abord, le clergé, à l'exception des clercs marchands, ne fait pas partie de la bourgeoisie. De même que les cloîtres et les monastères n'appartiennent pas au sol urbain, de même leurs habitants. Le for ecclésiastique est seul compétent pour les clercs. La profession monastique enlève l'homme à la population laïque et partant au droit laïque. À côté du clergé, la noblesse se trouve souvent aussi en dehors de la commune. Ici, il est vrai, on se trouve en présence d'un état de choses plus compliqué. Dans certaines villes, les chevaliers appartiennent à la commune ; dans d'autres, ils en sont exclus. Il en est de même des *ministeriales*. On sait que, dans les villes épiscopales d'Allemagne, les *ministeriales* ont joué souvent un rôle considérable. Dans plusieurs cités, ils disposent même, dans le conseil, d'un certain nombre de sièges. Dans les villes nouvelles, au contraire, il leur est interdit d'entrer dans la commune. Cette mesure est prise évidemment dans l'intérêt des bourgeois. On veut empêcher par là que les *ministeriales*, en invoquant le droit particulier dont ils jouissent et en se réclamant de leur seigneur, ne puissent entraver, à leur profit, l'exercice du pouvoir communal et entraîner la ville dans des conflits incessants.

Clergé et noblesse vivent donc, l'un régulièrement, l'autre très fréquemment, en dehors de la bourgeoisie. Il va de soi qu'il en est de même, à l'origine, de certains groupes d'hommes qui, appartenant en propre soit à des nobles soit à des établissements religieux, ont été, lors de la formation de la commune, placés en dehors d'elle. Mais cette situation n'a pas duré. Assez tôt, les villes ont acheté la juridiction sur ces personnes et les ont soumises à leur droit.

La bourgeoisie, arrivée à son complet développement, ne constitue plus, comme au début, une classe d'hommes appartenant tous à la même condition sociale. Bien que, pour la plus grande partie, la population urbaine se compose de marchands et d'artisans, elle renferme aussi cependant des rentiers, des agriculteurs, etc. Ainsi, il n'y a plus synonymie, à partir du XIIe siècle, entre les mots *mercator* et *burgensis*. De personnel qu'il était à sa naissance, le droit urbain, nous l'avons vu, est devenu territorial. La qualité de bourgeois s'acquiert maintenant, en premier lieu, par l'habitation. Nul n'appartient à la ville s'il n'établit dans la ville sa résidence, s'il n'y est *couchant* et *levant*. Bref, le citoyen existe par la ville et non, comme dans l'antiquité, la ville par le citoyen. Et l'on a remarqué ingénieusement que, tandis qu'en latin le mot *civitas* vient de *civis*, dans les langues modernes, au contraire, les mots *bourgeois*, *bürger*, *citizen* et *cittadino* sont formés des mots *bourg*, *burg*, *city* et *citta*.

Mais la résidence habituelle dans la ville ne suffit pas pour acquérir la bourgeoisie. Une seconde condition est nécessaire : l'entrée dans la commune. Nul n'est bourgeois s'il ne prête le serment communal, s'il ne se déclare solidaire des autres bourgeois, s'il ne vient se perdre, en quelque sorte, dans l'unité corporative que constitue la ville. On comprend du reste facilement que cette seconde condition est inséparable de la première. Le serment fonde, en effet, les droits et les devoirs du bourgeois. Il est la garantie indispensable de la fidélité et de l'obéissance de chacun au gouvernement municipal. Aussi ne dépend-il pas des volontés particulières de le prêter ou de s'en dispenser. Tout nouvel habitant est obligé de faire partie de la commune et il n'en peut sortir que d'une manière : en émigrant.

À côté de ces deux conditions essentielles de la bourgeoisie, on en rencontre encore une autre à l'origine : le bourgeois doit être propriétaire. On trouve cette clause mentionnée expressément dans un grand nombre de chartes et, dans beaucoup de villes, les membres de la bourgeoisie primitive portent le nom caractéristique de *homines hereditarii*, de *bourgeois héritables*. Ce n'est qu'à partir de la révolution démocratique que tous les habitants, par le fait de la résidence et la prestation du serment de commune, ont tous participé au même titre à la bourgeoisie.

Plusieurs auteurs accordent à cette obligation imposée au bourgeois d'être propriétaire une importance considérable. Ils y voient la preuve que la commune urbaine est fille de la commune rurale. D'après eux, de même que, pour être de plein droit membre du village, il faut y posséder une exploitation agricole, de même, pour être membre de la ville, il faut être détenteur d'une partie de son sol. Il paraît probable, pourtant, que cette théorie repose sur une base insuffisante et qu'elle accorde à des ressemblances extérieures une valeur exagérée.

Remarquons tout d'abord que la propriété exigée des bourgeois n'est pas nécessairement une propriété foncière. À Fribourg-en-Brisgau, elle doit seulement consister en biens propres valant au moins un marc, sans qu'il soit rien spécifié quant à la nature de ces biens. À Laon, la charte prévoit le cas de personnes ne possédant pas d'*hereditas*, c'est-à-dire de fonds de terre, mais jouissant d'une fortune mobilière considérable, acquise dans le commerce. Le même acte stipule encore que celui qui viendra s'établir dans la paix devra acheter des immeubles avant la fin de l'année ou transportera en ville une partie de ses biens meubles. Dans d'autres textes, on voit que ce qui est requis du bourgeois, c'est non pas la possession du sol, mais la possession d'une maison, et l'on sait que, pendant longtemps, les maisons ont été considérées non comme immeubles, mais comme meubles.

Ce sont tout d'abord des motifs d'ordre administratif et d'ordre juridique qui ont fait dépendre la qualité de bourgeois de celle de propriétaire. Nous avons vu plus haut que le bourgeois doit être nécessairement soumis à l'impôt et que la liste des contribuables est en même temps celle des citoyens. Dans ces villes, dont tous les membres sont solidaires les uns des autres, nul ne peut s'affranchir de la participation aux dépenses communes. Or, en fait, le propriétaire peut seul y participer, puisque seul il est en mesure de payer l'impôt. Et l'on comprend ainsi que, dès l'origine, la qualité de bourgeois étant inséparable de celle de contribuable, l'est en même temps de celle de propriétaire.

À cette première raison, tirée du caractère même de la commune, s'en ajoute une seconde de nature plus spécialement juridique. Il faut, pour que le bourgeois puisse répondre en justice, que sa fortune soit, en quelque sorte, le garant du payement éventuel de l'amende. Il faut qu'il *ait à perdre*, que ses biens puissent être saisis. La charte de Laon nous fournit ici encore un texte très clair : *Quicumque in pace ista recipietur*, y lit-on, *infra anni spacium aut domum sibi edificet... aut tantum sue mobilis substantie in civitatem afferat, per que justiciari possit, si quid forte in eum querele evenerit*. On nous permettra d'invoquer aussi, par analogie, en faveur de notre thèse, certains règlements de métiers, dans lesquels on voit que l'artisan doit porter un habit d'une valeur au moins égale à celle de l'amende qu'il peut encourir. Dans ce cas, en effet, l'habit sert évidemment de caution éventuelle pour l'acquittement de cette amende.

Reconnaissons maintenant que la propriété urbaine a été de très bonne heure, sinon en droit, du moins en fait, propriété foncière. Les *mercatores* enrichis par le commerce ne pouvaient trouver, pour leurs bénéfices, de meilleurs placements que les fonds de terre. Les *Gesta episcoporum Cameracensium* nous racontent avec force détails l'histoire d'un grand négociant qui, par des achats successifs d'immeubles et de cens, devint en peu d'années un des principaux personnages de la ville. Un peu plus tard, nous pouvons constater partout des faits analogues. Ces opulents rentiers dont les familles, au xiiie siècle, se partagent presque tout le sol urbain, descendent de marchands qui, leurs capitaux aidant, se sont transformés en grands propriétaires.

C'est ainsi qu'il s'est constitué de bonne heure un patriciat urbain, une classe de *cives optimo jure*, de *majores*. Ces *majores* ont à la fois la puissance économique et la puissance politique. Par la gilde, où seuls désormais ils ont entrée, ils dominent le commerce local. Ils jouissent en partie de privilèges considérables. Tous les sièges du conseil ou de l'échevinage leur appartiennent et sont en fait héréditaires dans leurs familles. Organisés en lignages, habitant des maisons fortifiées, distingués par des prédicats honorifiques, apparentés à la petite noblesse, ils sont et ils se nomment avec raison « seigneurs de la ville. »

Au-dessous du patriciat, on rencontre la *plebs*, les *minores*, les petits. Ce sont des artisans, « des hommes à ongles bleus. » Il est caractéristique pour la situation sociale des villes à cette époque que les mots *major* et *dives* d'une part, *minor* et *pauper* de l'autre, sont des termes synonymes.

Toutefois, il importe d'établir parmi les artisans une distinction importante et dont il semble qu'on n'ait pas toujours suffisamment tenu compte. Ils se divisent très clairement en deux groupes. Le premier comprend les petits entrepreneurs, forgerons, bouchers, boulangers, etc., vendant eux-mêmes le produit de leur travail et occupant une position intermédiaire entre les grands entrepreneurs et les purs salariés. Ces derniers, de beaucoup les plus nombreux, du moins dans les grandes cités, se recrutent parmi les ouvriers de grande industrie : tisserands, foulons, teinturiers, batteurs de métal, travaillant pour le compte de grands marchands et se rapprochant ainsi d'assez près de la condition des ouvriers modernes. Ils sont tenus à l'écart des fonctions publiques, n'interviennent pas dans le gouvernement de la ville. Leur salaire, soigneusement fixé par les règlements des métiers, ne leur permet guère de s'enrichir et d'entrer dans le patriciat.

Il ne faut pas croire que, comme on l'a dit souvent, la différence des conditions politiques, dans la bourgeoisie, se ramène à une différence primitive des conditions juridiques. On a tort de se figurer qu'à l'origine, à côté des marchands jouissant de la liberté personnelle, les artisans se trouvaient soumis au droit domanial. Il suffit, pour se convaincre de l'inanité de cette théorie, d'observer que les artisans non libres des immunités se maintiennent pendant de longs siècles à côté des artisans libres et qu'il ne peut y avoir par conséquent de filiation entre les uns et les autres. L'argument tiré des prestations auxquelles certains métiers sont soumis vis-à-vis du seigneur, et dans lesquelles on a voulu voir la preuve de la non-liberté de leurs membres à l'époque de la formation des villes, n'a aucune valeur. Ces prestations, en effet, ne sont que d'anciennes redevances publiques payées au seigneur en sa qualité de prince et non en sa qualité de maître. Le rapprochement de la plus ancienne charte de Strasbourg avec la nomenclature des droits dus à l'évêque d'Amiens par les artisans est, à cet égard, tout à fait caractéristique. Il ne peut donc être question de donner à la bourgeoisie une double origine. Artisans et marchands, patriciens et gens de métier, diffèrent les uns des autres par des caractères exclusivement économiques, non par des caractères juridiques. Tous, à l'origine, ont été confondus sous le nom générique de *mercatores*. Mais, de bonne heure, les premières places ont été prises, la participation au grand commerce s'est restreinte, les patriciens ont formé la gilde, possédé le sol, empli le conseil des leurs, et, de plus en plus nettement, une ploutocratie s'est constituée en face de la masse des petits entrepreneurs et des salariés.

On sait d'ailleurs que le gouvernement aristocratique introduit par les patriciens n'a pas tardé à provoquer, de la part du petit peuple, une révolution violente. Dès la seconde moitié du XIIIe siècle, en France tout d'abord, puis en Flandre et en Allemagne, les artisans réclament des institutions de contrôle et une part d'intervention dans les affaires publiques. Comme les *mercatores* se sont jadis soulevés contre les seigneurs, ils se soulèvent maintenant contre les grands bourgeois et presque partout arrivent à substituer, au gouvernement des lignages, un gouvernement démocratique.

Nous n'avons pas d'ailleurs à nous occuper ici des changements subis par les constitutions municipales pendant la seconde moitié du moyen âge. Pour importantes qu'elles aient été, elles n'ont modifié en rien les caractères essentiels de la ville. Il nous suffit d'avoir montré comment ces caractères se sont peu à peu dégagés, d'avoir essayé de ramener à des causes identiques la formation des institutions urbaines dans les pays situés entre l'Elbe et la Seine. Sans doute, dans ce vaste territoire, on remarque sans peine l'existence de divers types constitutionnels, de diverses familles municipales. Mais, entre ces familles, on peut établir une parenté primitive et prouver que cette parenté est indépendante des races et des frontières linguistiques. Arras, Saint-Omer et Lille appartiennent au même groupe urbain que Gand, Bruges et Ypres. Metz, Toul, Verdun, Liège, Trêves, Maestricht et Utrecht présentent, en dépit de leur population, ici germanique, là romane, des analogies frappantes. En réalité, c'est seulement à partir du XIIIe siècle que, par l'action de l'État, les villes allemandes et les villes françaises ont été dirigées dans des voies divergentes. En France, la royauté, qui s'est d'abord montrée favorable aux bourgeoisies, se retourne bientôt contre elles et finit par se les soumettre, comme elle se soumet la noblesse. La puissance de la monarchie, non le plus ou moins d'aptitude des habitants à se gouverner eux-mêmes, a été ici la cause de la disparition des communes. En Allemagne, au contraire, la faiblesse de plus en plus grande du pouvoir central a produit des effets tout opposés. Tandis que les villes françaises tombent sous la tutelle des baillis et des prévôts royaux, les villes allemandes se transforment en petites républiques indépendantes, deviennent des *freie Reichstädte*. Partie du même point, l'évolution urbaine dans les deux grands États de l'Occident a fini par s'orienter ici et là dans des directions très différentes. Mais les causes de ce phénomène sont externes et en quelque sorte artificielles. Elles ne doivent pas être cherchées dans le caractère des races, mais dans l'histoire de l'État.